B. T. Ricci

Proyecto de Red

con

Switch HP

Una guía paso a paso a su proyecto de red

Primera edición

2016

ISBN: 978-1-537-27800-1

Para J. J. con todo mi amor.

- B. T. Ricci

Suscríbete a nuestro canal de youtube para el libre acceso a tutoriales en vídeo

Suscríbete a nuestra fanpage para el libre acceso a los capítulos no publicados

Youtube - Facebook

Sumario

INTRODUCCIÓN

A pesar de tener un buen conocimiento acerca de las redes de computadoras y algunas certificaciones sobre el tema, Luke, un analista de Red de 26 años de edad, acaba de recibir la misión de instalar una nueva red utilizando solamente conmutadores HP.

A pesar de tener confianza en sus habilidades, Luke comprende que él no sabe cómo configurar esta marca de conmutadores y después de investigar el tema durante un tiempo fue capaz de notar la falta de dicha documentación.

La falta de dicha documentación fue la inspiración para escribir este libro, que tiene como objetivo enseñar de forma práctica cómo realizar la instalación y configuración de una red utilizando conmutadores HP.

Durante todo este libro, vamos a seguir todas las etapas de la historia de Luke, que será responsable por la instalación y operación de una nueva red corporativa.

Este libro se puede utilizar en un par de maneras. Si lo lee de una manera linear, usted seguirá la historia de Luke, aprenderá a configurar los switches, cómo solucionar problemas de red, cómo mejorar su red y cómo crear un laboratorio virtual.

Si no desea leer de una manera linear, cada capítulo también trabaja de forma individual. Por lo tanto, se puede saltar a una sección particular y utilizar el libro solamente como material de referencia.

Contenido del Libro

Para mejorar la curva de aprendizaje, el lector será introducido a ejemplos de la vida real que contengan desafíos relacionados con la implementación y operación de una red de computadoras.

Este libro se centra en enseñar a través de ejemplos prácticos, por lo tanto, a cada problema presentado se mostrará dos formas de realizar la misma configuración y alcanzar el resultado esperado.

En primer lugar, el libro demostrará cómo realizar la configuración de un conmutador usando su interfaz web. En segundo lugar, el libro explicará cómo hacer la misma configuración a través de la línea de comandos.

Al final de este libro el lector será capaz de:

• Crear una lista de los requisitos del proyecto de red
• Seleccionar el modelo de switch adecuado
• Actualizar el firmware de un switch

- Realizar la configuración inicial a través de la línea de comandos
- Habilitar el acceso remoto a través de Telnet, Ssh o Http
- Integrar la autenticación de acceso remoto con el active directory
- Configurar múltiples niveles de acceso a un switch
- Realizar la segmentación de red a través de vlans
- Conectar switches a través del uso de un tronco
- Habilitar el enrutamiento entre vlans
- Configurar la agregación de enlaces
- Bloquear tráfico indeseado y limitar el ancho de banda
- Supervisar el tráfico de red a través de snmp y la duplicación de puertos
- Crear un laboratorio virtual para realizar pruebas de configuración
- Concentrar todos los archivos de registro en un servidor Syslog
- Configurar un servidor DHCP
- Recuperar el acceso al switch

Público Objetivo

Este libro fue escrito para un público específico. Novatos o profesionales que tengan algún conocimiento acerca de redes y desean implementar u operar una red de tamaño medio utilizando conmutadores HP.

Sobre el Autor

B. T. Ricci trabaja como gerente de tecnología de la información para una empresa del Departamento de Defensa y tiene 15 años de experiencia en las áreas de redes y seguridad.

Entre sus cualificaciones, tenemos las siguientes certificaciones: CISSP, PMP, CCNP, CCDP, MCSE, LPIC2 y otros. Su amor por tecnología es lo que lo impulsa a seguir estudiando.

Entre sus logros, podemos destacar algunos de sus proyectos en 13 países: La implementación de la red interna de los más grandes centros de datos de Brasil, la implementación de la red interna de los siguientes aeropuertos internacionales: Río de Janeiro, Buenos Aires, La Habana, Cancún, Aruba, Lima, Bogotá, Bonaire, Paramaribo, Toluca, Córdoba, Granada, y otros.

Youtube y Sitio Web

Con los años, después de convertirse en un gerente, Yo pude notar que mi tiempo se consumía cada vez más por las tareas administrativas y menos en tareas técnicas.

La eliminación gradual de las tareas técnicas de mi agenda me molestó, porque esto siempre fue mi parte favorita del trabajo, por esta razón empecé a buscar una manera de mantenerme técnicamente relevante utilizando mi tiempo libre.

El canal de youtube FuckingIT fue creada de mi deseo de mantenerme técnicamente relevantes, en este canal, ofrecemos lecciones de vídeo relacionados con las redes de computadoras.

Después del primer año, fue posible notar que los usuarios del canal estaban pidiendo para poder copiar los comandos que se muestran en los videos de alguna parte y esta fue la razón para crear el sitio web fucking-it.com.

Conclusión

Al final, espero que tenga una experiencia agradable que añade valor a su trabajo y le ayuda a lograr sus objetivos. Si usted tiene alguna pregunta o si ha encontrado un error en este material, visite nuestro sitio web y me envía un mensaje.

– Capítulo 01 –

PROYECTO DE RED

Después de un largo proceso de selección, Luke fue el candidato seleccionado para el puesto de analista de la red por Mark, el gerente del departamento de tecnología de la información. Como su primera misión, se puso a disposición un presupuesto que debe ser capaz de cubrir el costo de la implementación de una nueva red utilizando switches manejables.

Por tener algún conocimiento relacionado con la gestión de proyectos, Luke sabe que para tener éxito en la implementación de este proyecto él tendrá que combinar sus habilidades técnicas con algunas habilidades de gestión de proyectos.

A lo largo de este capítulo, se presentarán las siguientes tareas relacionadas con la gestión del proyecto: Gestión de los interesados, los requisitos del proyecto, ámbito del proyecto y cierre del proyecto.

Todas las lecciones incluidas en este capítulo se presentarán de manera práctica utilizando el punto de vista de Luke durante la ejecución de su proyecto.

Las Partes Interesadas

Generalmente, las partes interesadas son individuos o empresas que tienen un interés en su proyecto. Normalmente, estas entidades pueden afectar o ser afectados de manera positiva o negativamente por el proyecto.

Un registro de las partes interesadas es una herramienta que puede ayudar en el éxito de su proyecto. Al documentar quiénes son las personas más influyentes, y la forma de comunicarse de manera efectiva con estos individuos, es posible reducir el riesgo de fracaso y aumentar la probabilidad de éxito para su proyecto.

En nuestro ejemplo, Luke, conociendo esta herramienta, creó una planilla electrónica con los siguientes campos:

• Identidad
• Nombre
• Descripción
• Nivel de Influencia
• Tipo
• Expectativas
• Información del contacto

Como un ejemplo, he aquí una muestra del registro de de las partes interesadas creado por Luke para este proyecto de red.

ID – 001
Nombre – Mark P
Descripción – Gerente de TI
Nivel de Influencia – Alto
Tipo – Positivo
Expectativas – Aumentar la velocidad de la red de 100 Mbps a 1 Gbps
Información del Contacto – mark.ti@fucking-it.com

ID – 002
Nombre – Roy P
Descripción – Especialista en Linux
Nivel de Influencia – Medio
Tipo – Positivo
Expectativas – Monitorear los switches con la herramienta de monitorización existente
Información del Contacto – 55 11 2555-6677

ID – 003
Nombre – Leia S
Descripción – Analista de Soporte
Level of influence – Medio
Tipo – Negativo
Expectativas – Desea probar que la nueva red no és necesaria y intentará encontrar problemas en el proyecto
Información del Contacto – leia.ti@fucking-it.com

Tenga en cuenta que una parte interesada positiva puede ver el beneficio que el proyecto traerá a la empresa y normalmente está interesada en ayudar la implementación del proyecto.

Por otro lado, una parte interesada negativa no puede ver, se siente amenazado, o simplemente no desea el beneficio proporcionado por el proyecto, y puede ofrecer resistencia.

Intente imaginar las posibilidades de éxito si el gerente de TI y Luke discuten acerca de las prioridades del proyecto de manera agresiva durante una reunión pública. En este momento, es posible que Mark se convierta en una parte interesada negativa y deje de ofrecer su apoyo, que es esencial para el éxito del proyecto.

Como resultado, siempre se debe tratar de influir las partes interesadas positivas para que permanezcan a tu lado mientras se intenta influir las partes negativas de manera que se conviertan en neutra, o tal vez en partes interesadas positivas.

Requerimientos del Proyecto

Para entender lo que debe ser entregado al final del proyecto, usted debe enumerar los requisitos del proyecto, sea a través de reuniones con las partes interesadas o en cualquier otra forma posible.

Un requisito del proyecto es una declaración que identifica una función, una capacidad o calidad que la nueva red *debe tener.*

A modo de ejemplo, podemos mencionar que el gerente de tecnología durante una reunión con Luke informó que la nueva red debe tener al menos dos vlans para separar la red de servidores de la red de estaciones de trabajo.

Debe quedar claro que los requisitos no serán siempre cien por ciento técnicos, como un ejemplo, podríamos mencionar que Rick, el presidente de la compañía, recibirá un cliente importante el 18 de diciembre y determinó que el proyecto debe ser finalizado antes del 14 de diciembre.

Si los requisitos no están debidamente registrados, el proyecto entregado no puede añadir el valor esperado para el cliente y por lo tanto puede ser considerado como un fracaso. Imagínese si el proyecto no se terminó hasta el 19 de diciembre y por esta razón la empresa no tenía acceso a internet en el día que el Presidente recibió la visita de su cliente más importante.

Un *registro de los requisitos* es una herramienta que puede ayudar en el éxito de su proyecto. Al documentar los requisitos y asociar cada uno de ellos con una parte interesada, usted será capaz de priorizar las tareas por su nivel de importancia.

En nuestro ejemplo, Luke, sabiendo de esta herramienta, creó una planilla con los siguientes campos:

• ID
• Requisito
• Parte Interesada
• Status

Como un ejemplo, he aquí una muestra del registro de requisitos creado por Luke requisito para este proyecto de red.

ID – 001
Requisito – Todas las interfaces del switch deben proporcionar la velocidad de 1 Gbps

Parte Interesada – Mark, IT Manager
Status – Aprobado

ID – 002
Requisito – Los switches deben ofrecer la funcionalidad de enrutamiento dinámico
Parte Interesada – Roy, Especialista en Linux
Status – Denegado

ID – 003
Requisito – Los switches deben proporcionar la configuración de vlans
Parte Interesada – Bill, Especialista en Windows
Status – Aprobado

ID – 004
Requisito – Servidores y ordenadores deben estar en vlans distintas
Parte Interesada – Bill, Especialista en Windows
Status – Aprobado

Como resultado, el proyecto tiene ahora una dirección a seguir y objetivos a cumplir que van a agregar valor al cliente, mientras le ayuda a mantener un registro de todo el trabajo que necesita ser hecho.

Observe que cada requisito debe estar asociado a un solicitante para proporcionar una dirección de a quién se debería solicitar la validación de cada uno de los requisitos aprobados, o para quién debemos informar acerca de los requisitos que no han sido aprobados después de la debida evaluación.

En nuestro ejemplo, Luke notificará al solicitante Roy que su requerimiento no fue aprobado debido a la característica de enrutamiento dinámico no se considerado indispensable para el proyecto de la nueva red.

Como resultado, usted debe tratar de registrar y dar prioridad a todos los requisitos del proyecto de la red sin olvidarse de mantener todos los interesados informados acerca de la aprobación o desaprobación de sus necesidades.

Ámbito del Proyecto

Una vez que todas las partes interesadas y sus necesidades se han enumerado usted será capaz de analizar los requisitos aprobados y llegar a un acuerdo sobre la definición del ámbito del proyecto.

El ámbito debe documentar lo que será parte del proyecto. Por lo tanto, usted debe analizar los requisitos previamente registrados y lograr un acuerdo acerca de cuáles son los objetivos del proyecto.

En nuestro ejemplo, Luke y los interesados en el proyecto fueron capaces de ponerse de acuerdo sobre la siguiente definición del ámbito de proyecto: "La creación de una nueva red de computadoras que cumpla con las especificaciones técnicas enumeradas en el documento llamado ***requisitos de la nueva red***".

Aquí está la lista de requisitos aprobados incluidos en el documento llamado requisitos de la nueva red.

• El proyecto debe utilizar tres switches manejables
• Cada switch debe tener al menos cuarenta y ocho puertos
• Todos los puertos del switch deben ofrecer la velocidad de 1 Gbps
• Debe ser posible administrar el switch a través de la línea de comandos
• Debe ser posible administrar el switch a través de Telnet, ssh y http
• La autenticación debe ser integrada con el active directory
• Debe ser posible configurar múltiples niveles de acceso a un switch
• Los servidores deben ser aislados en una vlan exclusiva
• Los ordenadores de mesa deben ser aislados en una vlan exclusiva
• Los teléfonos deben ser aislados en una vlan exclusiva
• Los visitantes deben tener sus ordenadores aislado en una vlan exclusiva
• Un switch debe ser elegido como el conmutador principal de la red
• El switch principal debe proporcionar el enrutamiento entre vlans
• El switch principal debe ser el servidor Dhcp
• Los ordenadores de mesa deben recibir la dirección IP de un servidor Dhcp
• Los teléfonos deben recibir la dirección IP de un servidor Dhcp
• Los ordenadores de visitantes deben recibir la dirección IP de un servidor Dhcp
• La conexión entre los conmutadores debe ser redundante
• La conexión entre el switch y el servidor de archivos debe ser redundante
• Los switches deben tener su firmware actualizado
• Los switches deben enviar sus logs a un servidor Syslog
• Debe ser posible limitar el ancho de banda utilizado por un puerto
• Debe ser posible bloquear el acceso a direcciones IP específicas
• Debe ser posible monitorear los switches a través de Snmp
• Debe ser posible monitorear el tráfico a través de la duplicación de puertos
• Un teléfono debe tener su vlan de voz configurada automáticamente
• Un teléfono debe ser capaz de conectar un ordenador a la red
• Un laboratorio virtual debe ser instalado para realizar pruebas de configuración

Para verificar si el proyecto fue implementado con éxito, Luke debe comparar los resultados de su proyecto con la lista acordada de las especificaciones que fueron grabadas en el documento denominado ***Requisitos de la nueva red***.

Modelo de Switch

Después de terminar la definición del ámbito, Luke es capaz de comparar los requerimientos técnicos del proyecto con las especificaciones técnicas de los modelos de switch disponibles en el sitio web del fabricante.

Porque es una red de tamaño mediano y tiene solamente un modesto budget disponible, Luke llegó a la conclusión de que podría utilizar los modelos de switches 1910 y A5500 para cumplir con los requisitos del proyecto.

El modelo de conmutador 1910 será utilizado en la capa de acceso para conectar dispositivos finales, tales como ordenadores de sobremesa, teléfonos, impresoras y computadoras de los visitantes.

Ya que ofrece características avanzadas de enrutamiento, el modelo de conmutador A5500 será utilizado en la capa central para conectar servidores, proporcionar enrutamiento entre vlans y actuar como un servidor Dhcp.

Cerrar el Proyecto

Hoy en día, es muy común encontrar profesionales que tratan el proyecto como terminado, de forma incorrecta, después de completar solamente la parte técnica del trabajo definido en el ámbito del proyecto.

Un proyecto puede considerarse completo cuando está formalmente aceptado por el cliente, esto significa que al final del proyecto usted debe obtener una aprobación formal del cliente confirmando que todos los requisitos aprobados se fueran entregados correctamente de acuerdo con el ámbito del proyecto.

Tenga en cuenta que la persona responsable de la ejecución técnica del proyecto puede no ser la misma persona que va a operar la nueva red. Por esta razón, se debe considerar la adición de una fase de transferencia de conocimiento que se puede hacer a través de entrenamiento, a través de la entrega de una documentación del proyecto, o mediante una combinación de ambas opciones.

Al final del proyecto, se podría decir que todo el conocimiento relacionado con la implementación de la nueva red está centralizado en la mente de Luke, y él debe documentar la nueva red, transferir sus conocimientos a otros miembros de la empresa para evitar el riesgo de perder información en caso de que algo le sucede a él.

Como resultado, cierra su proyecto de la manera correcta mediante la presentación de registros incontestables de que todos los requisitos aprobados fueron entregados con éxito junto con una fase de transferencia de conocimientos necesarios para la administración de la nueva red.

Conclusión

Este capitulo enseñó utilizando ejemplos prácticos cómo hacer algunas de las tareas principales de gestión de proyectos para ayudar a una implementación exitosa de un proyecto de red.

El lector debe entender que un bueno conocimiento técnico utilizado junto con técnicas básicas de gestión de proyectos puede aumentar significativamente las posibilidades de éxito.

Al final de este capítulo, el lector debe ser capaz de registrar las partes interesadas y sus requisitos para definir el ámbito del proyecto y comenzar la ejecución técnica.

– Capítulo 02 –

CONFIGURACIÓN INICIAL

Después de comprar los switches necesarios para su proyecto y esperar un plazo de entrega corto, Luke recibió e instaló sus nuevos conmutadores dentro de un rack de su centro de datos.

El uso de un switch manejable ofrece numerosas ventajas a una red, pero antes de obtener los beneficios el administrador de la red tendrá que realizar una fase de configuración inicial.

Este capítulo le enseñará cómo realizar la configuración inicial de un switch a través de un enfoque paso a paso.

A lo largo de este capítulo, se presentarán las siguientes tareas relacionadas con la ejecución del proyecto de la red:

• Cómo configurar un ordenador para acceder a un switch
• Cómo hacer el primer acceso a un switch a través de la consola
• Cómo hacer el primer acceso a un switch a través de la interfaz web
• Cómo configurar una dirección IP en un switch
• Cómo acceder a la línea de comando secreta del switch 1910
• Cómo recuperar el acceso a un switch

Todas las lecciones incluidas en este capítulo se presentarán de manera práctica utilizando el punto de vista de Luke durante la ejecución de su proyecto.

Existen varios modelos de switches HP. Por lo tanto, es posible que la configuración inicial presentada con el modelo de switch 1910 no sea aplicable al modelo utilizado por el lector.

El sexto capítulo de este libro es responsable de proporcionar una forma alternativa de realizar la configuración inicial en otros modelos de switches como el A5500, que será utilizado como el switch principal de este proyecto.

Conexión Física

Después de terminar la instalación física del dispositivo en el rack, el administrador de la red debe conectar una computadora en el puerto de consola del conmutador a través de un cable conocido como *cable de consola.*

El cable de consola tiene dos tipos diferentes de conectores y es suministrado junto con un nuevo conmutador, por lo tanto, conecta la interfaz serial en una computadora y la interfaz RJ45 en el puerto del switch llamada *Consola*.

Si su computador no tiene una interfaz en serie, usted puede utilizar un adaptador de interfaz USB a un puerto serie, desde que el controlador del adaptador se ha instalado correctamente.

La conexión entre un ordenador y la interfaz de consola se utiliza generalmente para realizar una configuración inicial básica, como el establecimiento de una dirección IP administrativa para el acceso remoto, o cambiar la contraseña por defecto.

Acceder a la Consola

Después de terminar la conexión física entre el ordenador y la interfaz de consola del conmutador, usted necesitará utilizar un software específico para acceder a la línea de comandos a través de una conexión en serie.

Putty es un software gratuito que se puede utilizar para conectar físicamente o de forma remota en la línea de comandos del conmutador para realizar la configuración del dispositivo, por lo tanto, acceda a la página web *putty.org* y descarga el software.

Después de terminar la descarga, ejecute el software.

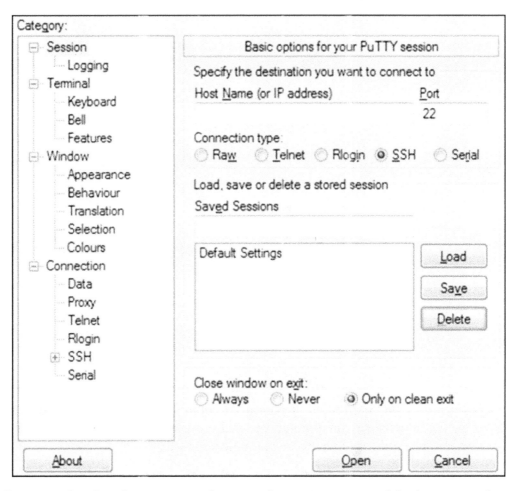

Para que el ordenador sea capaz de comunicarse con este modelo de conmutador a través de un cable de consola el administrador de red tendrá que personalizar los ajustes de conexión, por lo tanto, después de abrir el software *Putty*, seleccione la categoría denominada *Serial* y cambia los siguientes parámetros.

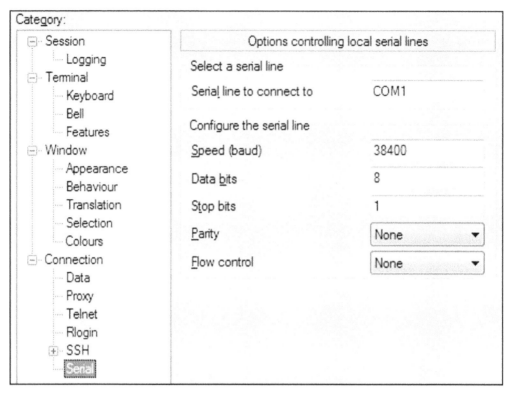

La opción **Serial line** especifica el puerto de comunicación que el equipo debe utilizar para comunicarse con el conmutador. En nuestro ejemplo, se decidió que el ordenador debe utilizar el puerto de comunicación COM1.

Observe que el número del puerto de comunicación que se utiliza puede variar, por lo tanto, si el puerto de comunicación **com1** no funciona, intente utilizar el puerto de comunicación siguiente **com2**, y así sucesivamente.

La opción **Speed** determina la velocidad de transmisión que se debe utilizar para comunicarse con el conmutador. En nuestro ejemplo, se decidió utilizar la velocidad de transferencia de 38400 bits como se indica en el manual del producto.

Observe que el manual del conmutador debe ser consultado ya que los diferentes modelos de switches pueden requerir diferentes velocidades de conexión. En nuestro ejemplo, mientras que el modelo de conmutador 1910 utiliza la velocidad de comunicación de 38400, el segundo modelo, A5500, utiliza la velocidad de 9600.

La opción **Data bits** determina la cantidad de bits que contienen información que puede ser enviada al mismo tiempo al conmutador. En nuestro ejemplo, se decidió que el ordenador debe enviar los paquetes que contienen datos de 8 bits al switch, como se indica en el manual del producto.

La opción *Stop bits* especifica el número de bits que se deben utilizar para indicar una rotura o un fin en la comunicación con el conmutador. En nuestro ejemplo, se decidió utilizar solamente un solo bit, como se indica por el manual del producto.

La opción *Parity* era utilizada para detectar fallas en la comunicación debido a las interferencias, pero en la actualidad, este parámetro ya no se utiliza. En nuestro ejemplo, se determinó que la paridad no debe ser utilizada.

La opción *Flow control* se utilizaba antiguamente para establecer qué mecanismo de control de flujo debería ser utilizado pero en la actualidad, este parámetro ya no se utiliza. En nuestro ejemplo, se determinó que el control de flujo no debe ser utilizado.

Después de ajustar todos los parámetros de la conexión serial como se muestra, vaya a la categoría de sesión, seleccione la opción de tipo de conexión *serial* y haga clic en el botón *Open* para iniciar la comunicación entre el conmutador y el ordenador.

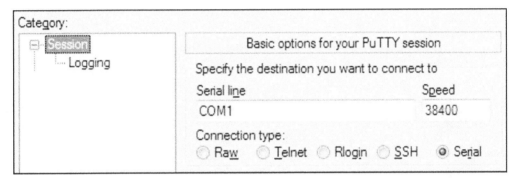

Después de hacer clic en el botón *Open*, el software debe conectarse al conmutador y presentar la pantalla de inicio de sesión, donde debe introducir el nombre de usuario *admin* y dejar en blanco el campo de contraseña.

```
******************************************************************
* Copyright (c) 2010-2015 Hewlett-Packard Development Company, L.P.
* Without the owner's prior written consent,
* no decompiling or reverse-engineering shall be allowed.
******************************************************************
Login authentication

Username:admin
Password:
```

En nuestro ejemplo, el administrador de la red hizo el acceso inicial a la línea de comandos de un conmutador a través de su interfaz de consola utilizando el software Putty y un cable de consola.

Configurar una Dirección IP

Durante la fase de configuración inicial, el administrador de la red tendrá que definir una dirección IP administrativa que se utiliza para acceder al equipo de manera remota.

Después de Conectarse con éxito en el conmutador, se le presentará con una interfaz básica de línea de comandos que proporciona solamente una pequeña cantidad de comandos administrativos.

Para configurar una dirección IP administrativa en el conmutador, introduzca el comando *ipsetup* seguido de la dirección deseada, la máscara de red y puerta de enlace predeterminada.

```
# ipsetup ip-address 192.168.1.11 255.255.255.0 default-gateway 192.168.1.1
```

Después de terminar la configuración de la dirección IP, compruebe la dirección configurada en el conmutador a través del comando *summary*, que es el encargado de presentar un resumen básico de la configuración del dispositivo.

```
# summary
```

En nuestro ejemplo, el modelo de conmutador 1910 fue configurado para utilizar la dirección IP 192.168.1.11, la máscara 255.255.255.0 y el puerto de enlace predeterminada 192.168.1.1.

Para probar la instalación, se debe configurar una dirección IP de la misma red en un ordenador y conectarlo a cualquier puerto del conmutador.

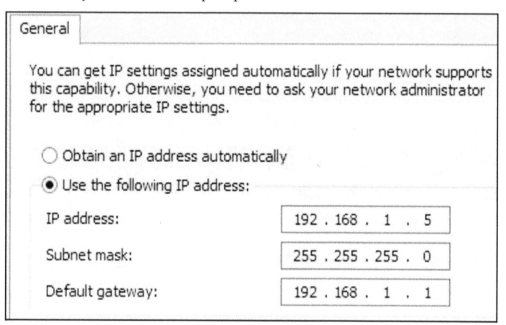

Después de conectar un ordenador a un puerto del switch, acceda a la línea de comandos del conmutador e intenta una prueba de conectividad entre el ordenador y el conmutador mediante el comando *ping*.

```
# ping 192.168.1.5
```

Después de terminar la configuración y la prueba de conectividad entre los dispositivos, abra su navegador, escriba la dirección IP del conmutador y acceda a la interfaz web.

En la interfaz web, introduzca el nombre de usuario *admin*, deje el campo de contraseña en blanco e introduzca el código de verificación que aparece en la pantalla.

Después de una conexión exitosa, guarda la configuración del switch haciendo clic en la opción *Save* disponible en la parte superior derecha de la pantalla.

En nuestro ejemplo, mostramos cómo realizar la configuración de una dirección IP administrativa utilizando la línea de comandos; también mostramos cómo acceder a la interfaz web y cómo guardar la configuración del switch.

Línea de Comandos Secreta

Por defecto, algunos modelos de conmutadores sólo proporcionan acceso a un grupo muy limitado de comandos que se puede ver al presionar la tecla de *interrogación* en la línea de comandos, como se muestra a continuación.

```
# ?
```

```
User view commands:
  initialize  Delete the startup configuration file and reboot system
  ipsetup     Assign an IP address to VLAN-interface 1
  password    Specify password of local user
  ping        Ping function
  quit        Exit from current command view
  reboot      Reboot system/board/card
  summary     Display summary information of the device.
  telnet      Establish one TELNET connection
  upgrade     Upgrade the system boot file, the Boot ROM program or the PoE
              program
```

Algunos modelos de switches, como el 1910, disponen de una característica oculta que permite al administrador de la red acceder a una lista completa de los comandos de administración a través de la línea de comandos.

Para tener acceso a todos los comandos disponibles, utilice el comando _cmdline-mode_ e introduzca la contraseña específica para su modelo de conmutador HP.

```
#  cmdline-mode on
```

En nuestro ejemplo, se utilizó la contraseña *512900* ya que esta es la contraseña para acceder a la línea de comandos secreta en el modelo de conmutador 1910.

Tenga en mente que *sólo un subconjunto de modelos de switches HP* tienen la función secreta de línea de comandos disponibles, y cada modelo requiere el uso de una contraseña específica de la fábrica.

Después de entrar en el modo secreto correctamente, pulse la tecla de *interrogación* y comproba el número de comandos disponibles.

```
# ?
```

```
User view commands:
  archive        Specify archive settings
  backup         Backup next startup-configuration file to TFTP server
  boot-loader    Set boot loader
  bootrom        Update/read/backup/restore bootrom
  cd             Change current directory
  clock          Specify the system clock
  cluster        Run cluster command
  copy           Copy from one file to another
  crypto-digest  Compute the hash digest for a specified file
  debugging      Enable system debugging functions
  delete         Delete a file
  dir            List files on a file system
  display        Display current system information
  fixdisk        Recover lost chains in storage device
  format         Format the device
  free           Clear user terminal interface
  ftp            Open FTP connection
  initialize     Delete the startup configuration file and reboot system
  ipc            Interprocess communication
  ipsetup        Assign an IP address to VLAN-interface 1
  lock           Lock current user terminal interface
```

Guarda la configuración del switch a través del comando *save*.

```
# save
```

Para verificar la configuración completa de un conmutador, utilice el comando *display current-configuration*, como se muestra a continuación.

```
# display current-configuration
```

En nuestro ejemplo, mostramos cómo acceder a la línea de comandos secreta en un conmutador HP, del modelo 1910.

Recuperar el Acceso

La compra de equipos de segunda mano es una práctica muy común en el mercado. Si se compra un equipo de segunda mano, el administrador de la red tiene que saber cómo llevar a cabo el procedimiento de recuperación de acceso para tener acceso administrativo al dispositivo.

El procedimiento de recuperación de acceso debe ser realizado si la contraseña del conmutador se ha perdido u olvidado por alguna razón.

En primer lugar, apague el switch, conecte un cable de consola entre el switch y un ordenador, abra el software Putty y acceda a la línea de comandos del dispositivo.

Mientras el conmutador está arrancando, pulse la secuencia de teclas **[Ctrl + B]** para acceder al menú de arranque.

```
   BOOT MENU

1. Download application file to flash
2. Select application file to boot
3. Display all files in flash
4. Delete file from flash
5. Restore to factory default configuration
6. Enter BootRom upgrade menu
7. Skip current system configuration
8. Reserved
9. Set switch startup mode
0. Reboot
Ctrl+F: Format File System
Ctrl+P: Skip Super Password
Ctrl+R: Download application to SDRAM and Run
Ctrl+Z: Access EXTEND-ASSISTANT MENU
Ctrl+C: Display Copyright

Enter your choice(0-9): █
```

En la pantalla del menú de arranque, seleccione la opción **7** para indicar al sistema que ignore la configuración actual guardada en el switch y pulse la tecla **Y** para confirmar su decisión.

En el menú de arranque, introduzca la opción **0** para reiniciar el conmutador inmediatamente.

Después de iniciado, el administrador de la red debe utilizar el comando *initialize* para restablecer el dispositivo a su configuración por defecto de fábrica.

```
# initialize
```

Después de pulsar la tecla **Y**, el conmutador borrará la configuración guardada y va a restaurar el dispositivo a su configuración predeterminada de fábrica que utiliza el nombre de usuario *admin* y una contraseña *vacía*.

En nuestro ejemplo, mostramos cómo recuperar el acceso a un switch, después de perder u olvidar su contraseña.

Conclusión

Este capítulo enseñó a través de ejemplos prácticos cómo realizar la configuración inicial de un conmutador para ayudar al administrador de la red.

A lo largo de este capítulo, hemos sido capaces de seguir a Luke mientras él hacía la configuración inicial de los switches adquiridos para la ejecución del proyecto.

Al final de este capítulo, el lector debe ser capaz de realizar la configuración inicial de un conmutador.

Los siguientes videos fueron publicados en nuestro canal de Youtube para mostrarle cómo utilizar las técnicas presentadas en este capítulo y mejorar su curva de aprendizaje:

• HP Switch – Configuración IP inicial
• HP Switch – Recuperación de contraseña

– Capítulo 03 –

POST-INSTALACIÓN

Después de terminar la configuración inicial, Luke es capaz de seguir adelante con la ejecución de su proyecto de red y configurar los switches utilizando la línea de comandos o la interfaz web.

Sin embargo, antes de proceder a la configuración del switch, el administrador de red debe llevar a cabo una fase de post-instalación para mejorar el nivel de seguridad del dispositivo.

Este capítulo le enseñará cómo realizar la post-instalación de un conmutador a través de un enfoque paso a paso.

A lo largo de este capítulo, se presentarán las siguientes tareas relacionadas con la ejecución del proyecto de la red:

• Cómo cambiar la contraseña por defecto
• Cómo actualizar el firmware
• Cómo configurar la fecha y hora
• Cómo cambiar el nombre de host
• Cómo enviar los logs a un servidor Syslog

Todas las lecciones incluidas en este capítulo se presentarán de manera práctica utilizando el punto de vista de Luke durante la ejecución de su proyecto.

Cambiar la Contraseña

Como primer paso, el administrador de la red debe cambiar la contraseña de los conmutadores que todavía utilizan la contraseña por defecto para el usuario *admin*.

Acceda a la interfaz web, seleccione el menú *Authentication* y haga clic en la opción *Users* para ser enviados a la página de administración de usuarios y grupos locales.

Para cambiar la contraseña del usuario administrativo, seleccione la ficha *Local Users*, busque el usuario *admin* y haga clic en el ícono de *modificación*.

En la pantalla de propiedades del usuario, seleccione la casilla *Modify password*, introduzca una nueva contraseña y haga clic en el botón Apply.

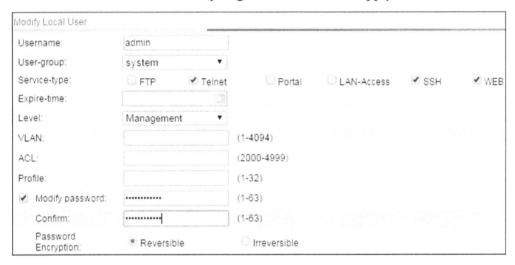

Para probar la configuración, haga clic en la opción *Logout* disponibles en la parte superior derecha de la pantalla e intente conectarse a la interfaz web utilizando la nueva contraseña del usuario admin.

Después de cambiar la contraseña, asegúrese de guardar la configuración haciendo clic en la opción *Save* disponible en la parte superior derecha de la pantalla.

Actualizar el Firmware

Como segundo paso, el administrador de la red debe actualizar el firmware utilizado por los conmutadores para evitar cualquier vulnerabilidad de seguridad.

Para descargar la versión actualizada del firmware, acceda a la página web de HP para empresas en *hpe.com*. Si tiene problemas para encontrar la versión correcta del firmware, acceda a la página web de Google y busca "*HP Networking support search tool*", que es una herramienta que le ayudará a encontrar el firmware correcto para su conmutador.

En la herramienta de búsqueda, tendrá que introducir el número de modelo o el part number del conmutador.

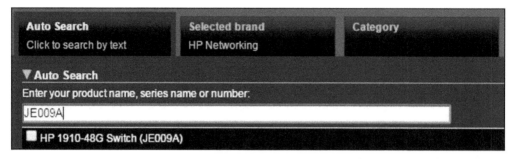

El part number es una forma de referencia a un aparato creado por el fabricante, donde cada dispositivo o pieza de equipo tiene una identificación única.

En nuestro ejemplo, hemos descargado la última versión del firmware para el modelo de conmutador 1910-48G mediante la introducción de la identificación JE009A en la herramienta de búsqueda.

Después de descargar el nuevo firmware, extraiga el archivo comprimido para continuar el proceso de actualización del firmware.

Como próximo paso, acceda a la interfaz web de su switch utilizando una cuenta con privilegios administrativos.

En la interfaz web, seleccione el menú *Device* y haga clic en la opción *Device maintenance* para ser enviado a la pantalla de actualización de software, adonde tendrá que seleccionar el nuevo archivo de firmware para ser utilizado.

Después de terminar la actualización, el conmutador se reiniciará, y se mostrará la pantalla de inicio de sesión.

Después de terminar la actualización, el conmutador se reiniciará, y se mostrará la pantalla de inicio de sesión.

En nuestro ejemplo, el firmware de un switch 1910-48G fue actualizado correctamente.

Después de terminar la actualización, acceda a la interfaz web, seleccione el menú *Summary*, haga clic en la opción *System Information* y asegúrese de comprobar si la nueva versión de firmware está listada en la parte derecha de la pantalla.

Cambiar el Nombre de Host

Como tercer paso, el administrador de red debe cambiar el nombre de identificación de los switches que están utilizando el nombre por defecto.

Acceda a la interfaz web, seleccione el menú *Device* y haga clic en la opción *Basic* para ser enviados a la pantalla de administración básica del switch.

Para cambiar el nombre del dispositivo, seleccione la ficha *System Name*, busque la opción *SysName*, modifique el nombre de host del switch y haga clic en el botón *Apply*.

Después de configurar el nombre de host con éxito, el nuevo nombre de identificación del dispositivo debe aparecer en la parte superior izquierda de la interfaz Web del conmutador.

En nuestro ejemplo, el administrador de la red cambió la identificación de los switches para utilizar los siguientes nombres de host: *fkit-sw01*, *fkit-sw02* y *fkit-sw03*.

En la siguiente ficha, el administrador de la red es capaz de establecer un tiempo límite de sesión inactiva en la interfaz web, por lo tanto, seleccione la ficha *Web Idle Timeout* e introduzca el número de minutos que una sesión puede permanecer inactiva antes de que se cierre automáticamente.

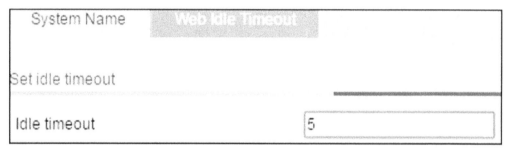

En nuestro ejemplo, el límite de sesión inactiva fue configurado como 5 minutos.

Configurar Fecha y Hora

Como cuarto paso, el administrador de la red debe configurar la fecha y hora correcta en el switch, manual o automáticamente, mediante el uso del protocolo NTP.

Es importante establecer la fecha y la hora correctas, porque cuando el administrador de la red tiene que resolver un problema, su primera fuente confiable de información debe ser el archivo de registro del switch y cada línea del registro se almacena cronológicamente basada en la fecha y hora del sistema.

Para configurar la fecha y hora del conmutador a mano, seleccione el menú *Device* y haga clic en la opción *System time* para ser enviado a la pantalla de configuración.

Para configurar la fecha y hora automáticamente, acceda a la ficha *Net Time*, elija la *interfaz* del conmutador que se conectará con el servidor NTP, configure un *intervalo de consulta* en cuestión de segundos, introduzca la dirección IP del servidor NTP, seleccione la *zona horaria* deseada y haga clic en el botón *Apply*.

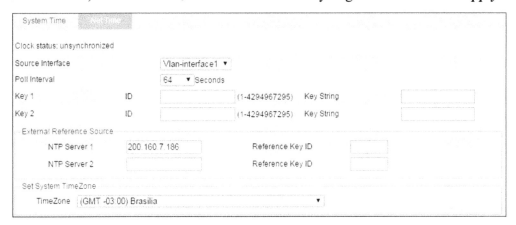

En nuestro ejemplo, el administrador de la red configuró un switch para obtener la configuración de fecha y hora de forma automática desde el servidor NTP 200.160.7.186 usando un intervalo de *64 segundos* y una zona horaria de *-3*.

Después de finalizar la configuración, vuelva a la ficha *System time* y asegúrese de que la fecha y la hora fueron actualizadas.

Centralizar los Archivos de Registro

Como último paso, el administrador de la red debe configurar los switches para centralizar los archivos de registro en un servidor Syslog.

Si un switch por alguna razón deja de funcionar, el administrador de la red no sabrá lo que pasó porque no va a tener acceso al archivo de registro del dispositivo, sin embargo, si los archivos de registro fueron enviados a un servidor Syslog, el administrador de red puede utilizar el registro almacenado en el servidor para ayudar a identificar el problema.

Acceda a la interfaz web, seleccione el menú *Device* y haga clic en la opción *Syslog* para ser enviados a la página de administración de registros.

Para enviar el registro a través de la red, acceda a la ficha *Loghost*, seleccione la opción *IPV4*, introduzca la dirección IP del servidor Syslog y haga clic en el botón *Apply*.

Loghost	
● IPv4	○ IPv6
Loghost IP	192.168.1.15

A partir de este momento, todos los registros serán enviados al ordenador con la dirección IP 192.168.1.15 a través de la red, por lo tanto, este equipo debe tener instalado un software de registro.

Visual Syslog Server for Windows es un software gratuito que se puede utilizar para recibir mensajes del registro del sistema en un ordenador, por lo tanto, acceda a *sourceforge.net* y descarga el software.

Después de terminar la instalación, el administrador de la red será capaz de ver los mensajes enviados por el conmutador a través de la interfaz gráfica del software.

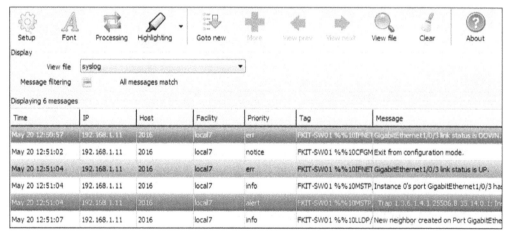

En nuestro ejemplo, el administrador de la red configuró un switch para enviar mensajes de registro a través de la red a un ordenador que ejecute un software de Syslog.

Conclusión

Este capítulo enseñó a través de ejemplos prácticos cómo realizar una fase de post-instalación en un conmutador para elevar el nivel de seguridad de la información.

Durante todo este capítulo, hemos sido capaces de seguir a Luke mientras él hacía el post-installation en un switch para cumplirse los siguientes requisitos del proyecto enumerados en el documento denominado ***Requisitos de la nueva red***.

• Los switches deben tener su firmware actualizado
• Los switches deben enviar sus logs a un servidor Syslog

Al final de este capítulo, el lector debe ser capaz de realizar la fase de post-instalación en un switch.

Los siguientes videos fueron publicados en nuestro canal de Youtube para mostrarle cómo utilizar las técnicas presentadas en este capítulo y mejorar su curva de aprendizaje:

• HP Switch – Actualización de firmware
• HP Switch – Configuracion de Fecha y Hora
• HP Switch – Centralización de los archivos de registro

– Capítulo 04 –

GESTIÓN DE ACCESO

Después de terminar la configuración inicial, Luke decidió habilitar el acceso remoto a los switches y crear las cuentas necesarias para el personal de tecnología de la información.

La función de acceso remoto es capaz de facilitar el trabajo en equipo, permitiendo que varias personas accedan a un switch, sin la necesidad de estar físicamente cerca del dispositivo.

Este capítulo le enseñará cómo realizar la gestión de cuentas y habilitar el acceso remoto a través de un enfoque paso a paso.

A lo largo de este capítulo, se presentarán las siguientes tareas relacionadas con la ejecución del proyecto de la red:

• Cómo crear un grupo de usuarios
• Cómo crear una cuenta de usuario
• Cómo habilitar el acceso remoto

Todas las lecciones incluidas en este capítulo se presentarán de manera práctica utilizando el punto de vista de Luke durante la ejecución de su proyecto.

Creación de Grupo de Usuarios

Después de una breve planificación, se decidió que dos grupos de usuarios deben existir y ofrecer diferentes niveles de acceso a sus miembros que son esencialmente los analistas del equipo de tecnología de la información.

En nuestro ejemplo, los miembros del grupo *fkit-admin* deben tener todos los permisos administrativos disponibles en los conmutadores de red mientras que los miembros del grupo de usuarios *fkit-users* deben ser capaces de acceder al dispositivo con permisos de sólo lectura.

Acceda a la interfaz web, seleccione el menú *Authentication* y haga clic en la opción *Users* para ser enviados a la página de administración de usuarios y grupos.

Para crear un nuevo grupo de usuarios, seleccione la ficha *User Group* y haga clic en el botón *Add*.

En la pantalla de creación del grupo, establezca el nivel de acceso deseado y haga clic en el botón *Apply*.

```
┌─────────────────────────────────────────────────┐
│  Local User          User Group                  │
│                                                   │
│  Add User Group                                   │
│  ─────────────────────────────────────────────   │
│  Group-name:       ┌─────────────────────────┐   │
│                    │ FKIT-ADMIN              │   │
│                    └─────────────────────────┘   │
│  Level:            ┌─────────────────────────┐   │
│                    │ Management            ▼ │   │
│                    └─────────────────────────┘   │
│  VLAN:             ┌─────────────────────────┐   │
│                    │                         │   │
│                    └─────────────────────────┘   │
│  ACL:              ┌─────────────────────────┐   │
│                    │                         │   │
│                    └─────────────────────────┘   │
│  User-profile      ┌─────────────────────────┐   │
│                    │                         │   │
│                    └─────────────────────────┘   │
└─────────────────────────────────────────────────┘
```

Durante la configuración de una nueva cuenta de grupo, el administrador de la red tendrá que especificar el nivel de acceso ofrecido a los miembros de este grupo, por lo tanto, aquí le presentamos una lista de los niveles de acceso disponibles y sus descripciones.

El nivel de acceso *Visitor* permite a sus miembros acceder a una versión más sencilla de la interfaz web con permisos de sólo lectura, los miembros de este grupo serán capaces de realizar algunas pruebas básicas de conectividad tales como *ping* y *traceroute*.

El nivel de acceso *Monitor* permite a sus miembros acceder a una versión completa de la interfaz web con permisos de sólo lectura, los miembros de este grupo serán capaces de realizar algunas pruebas básicas de conectividad tales como *ping* y *traceroute*.

El nivel de acceso *Configure* permite a sus miembros acceder a una versión completa de la interfaz web con permisos de escritura, sin embargo, los miembros de este grupo no serán capaces de crear nuevos usuarios, actualizar el firmware o hacer copias de seguridad y restaurar el archivo de configuración del switch.

El nivel de acceso *Management* permite a sus miembros acceder a una versión completa de la interfaz web con permisos de escritura, sin ningún tipo de restricciones.

En nuestro ejemplo, el administrador de la red ha creado dos grupos. El primer grupo, llamado *fkit-admins*, recibió el nivel de acceso *management* y el segundo grupo, llamado *fkit-users*, recibió el nivel de acceso *monitor*.

Es importante destacar que, algunos modelos de switches no ofrecen la configuración de los grupos en su interfaz web, sin embargo, el administrador de la red es capaz de utilizar la línea de comandos para administrar la configuración del grupo.

Después de terminar la configuración del grupo, asegúrese de guardar la configuración haciendo clic en la opción **Save** disponible en la parte superior derecha de la pantalla.

Si necesita eliminar un grupo existente, seleccione la ficha **User group** y haga clic en el icono de papelera al lado del nombre del grupo.

Algunos lectores prefieren utilizar la línea de comandos en vez de la interfaz web, por lo tanto, también vamos a demostrar cómo hacer la creación de un grupo de usuarios utilizando la línea de comandos.

Acceda a la línea de comandos del conmutador mediante la consola, telnet o ssh e inicie una sesión con un usuario que tenga privilegios administrativos.

Si aplicable a su modelo de conmutador, introduzca el comando **_cmdline-mode** para acceder a la línea de comandos secreta.

```
# cmdline-mode on
```

Utilice el comando **system-view** para entrar en el modo de configuración.

```
# system-view
```

Utilice los siguientes comandos para crear un nuevo grupo.

```
# user-group FKIT-ADMIN
# authorization-attribute level 3

# user-group FKIT-USERS
# authorization-attribute level 1
# quit
```

Para establecer el nivel de acceso de un grupo, la opción **authorization-attribute** necesita ser especificada utilizando un formato numérico, por lo tanto, usted debe saber que los niveles de acceso llamados visitor, monitor, configure y management son equivalentes a los números de 1 a 3.

Utilice el siguiente comando para verificar la configuración.

```
# display user-group
```

Utilice el comando **save** para guardar la configuración.

```
# save
```

Para borrar un grupo existente, acceda al modo de configuración y utilice el siguiente comando.

```
# undo user-group FKIT-USERS
```

Creación de Usuarios

Después de terminar la creación de grupos, le mostraremos cómo crear un nuevo usuario en un switch, por lo tanto, acceda a la interfaz web, seleccione el menú *Authentication* y haga clic en la opción *Users* para ser enviados a la página de administración de usuarios y grupos.

Para crear un nuevo usuario, seleccione la ficha *Local User* y haga clic en el botón *Add*.

En la pantalla de creación del usuario, Introduzca un nombre de usuario, una contraseña, *seleccione* el grupo creado anteriormente, los *tipos de servicios* que el usuario debe tener acceso y haga clic en el botón *Apply*.

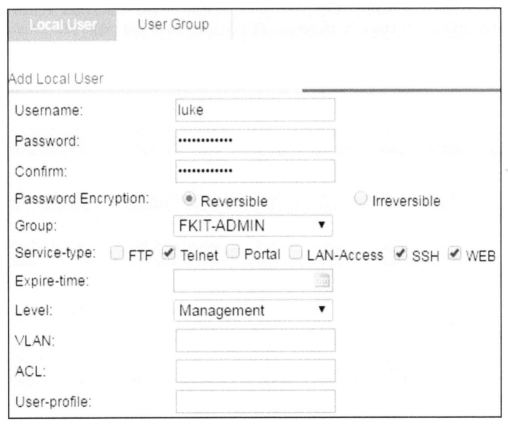

Durante la configuración de una nueva cuenta, el administrador de la red tendrá que configurar los tipos de servicios que el usuario estará autorizado a acceder, por lo tanto, aquí le presentamos una lista de servicios disponibles y sus descripciones.

El tipo de servicio *FTP* permite a un usuario conectarse de forma remota al conmutador mediante un software de cliente FTP.

El tipo de servicio *Telnet* permite a un usuario conectarse de forma remota al conmutador mediante un software cliente telnet, como Putty.

El tipo de servicio *SSH* permite a un usuario conectarse de forma remota al conmutador mediante un software cliente SSH, como Putty.

El tipo de servicio *Web* permite a un usuario conectarse de forma remota al conmutador mediante un software de navegador, como Chrome.

El tipo de servicio *Portal* permite a un usuario autenticado con éxito en una página web personalizada del switch para acceder a la red.

El tipo de servicio *Lan-access* permite a un usuario autenticado correctamente en el switch mediante el protocolo 802.1x para acceder a la red.

En nuestro ejemplo, se crearon dos cuentas. El nombre de usuario *luke* recibió el nivel de acceso *management* porque él es un miembro del grupo *fkit-admins*, mientras que el otro usuario recibió el nivel de acceso *monitor* por ser parte del grupo *fkit-users.*

Para probar la configuración, haga clic en la opción *Logout* disponible en la parte superior derecha de la pantalla, intente conectarse de nuevo a la interfaz web utilizando una de las cuentas creadas anteriormente y asegurarse de que los menús se muestran en función del nivel de acceso configurado.

Es importante destacar que, algunos modelos de switch no ofrecen la opción de configuración del usuario en el menú de autenticación pero en lugar ofrecen esta opción en el menú *Device*.

Después de terminar la configuración de usuario, asegúrese de guardar la configuración haciendo clic en la opción *Save* disponible en la parte superior derecha de la pantalla.

Si necesita eliminar una cuenta de usuario, seleccione la ficha *Local User* y haga clic en el icono de papelera al lado del nombre del usuario.

Algunos lectores prefieren utilizar la línea de comandos en vez de la interfaz web, por lo tanto, también vamos a demostrar cómo hacer la creación de una cuenta de usuario utilizando la línea de comandos.

Acceda a la línea de comandos del conmutador mediante la consola, telnet o ssh e inicie una sesión con un usuario que tenga privilegios administrativos.

Si aplicable a su modelo de conmutador, introduzca el comando *_cmdline-mode* para acceder a la línea de comandos secreta.

```
# cmdline-mode on
```

Utilice el comando *system-view* para entrar en el modo de configuración.

```
# system-view
```

Utilice los siguientes comandos para crear una cuenta de usuario.

```
# local-user luke
# password simple kamisama123@
# group FKIT-ADMIN
# service-type ssh telnet
# service-type web
# service-type terminal
# quit

# local-user bill
# password simple d0kutodod1a
# group FKIT-USERS
# service-type ssh telnet
# service-type web
# quit
```

En nuestro ejemplo, el usuario luke recibió el nivel de acceso management y el permiso para conectarse al conmutador mediante la consola, ssh, telnet y la interfaz web.

En nuestro ejemplo, el usuario bill recibió el nivel de acceso monitor y el permiso para conectarse al conmutador utilizando solamente ssh, Telnet, y la interfaz web.

Utilice el siguiente comando para verificar la configuración.

```
# display local-user
```

Utilice el comando *save* para guardar la configuración.

```
# save
```

Para eliminar un usuario existente, acceda al modo de configuración y utilice el siguiente comando.

```
# undo local-user bill
```

Habilitación del Acceso Remoto

Después de terminar el proceso de gestión de cuentas, el administrador de la red debe habilitar los servicios de acceso remoto deseados, por lo tanto, acceda a la interfaz web, seleccione el menú *Network* y haga clic en la opción *Service* para ser enviado a la página de gestión de servicios.

En la página de gestión de servicios, seis opciones de servicios estarán disponibles, como se muestra a continuación.

Para activar un servicio, seleccione la opción deseada y haga clic en el botón **Apply**.

En nuestro ejemplo, los servicios telnet, ssh, http y https fueron habilitados.

Como una buena práctica, el administrador de red debe tratar de mantener un número limitado de servicios habilitados y siempre optar por los servicios que utilizan la encriptación de datos, como ssh y https.

Después de habilitar los servicios deseados, asegúrese de guardar la configuración haciendo clic en la opción **Save** disponible en la parte superior derecha de la pantalla.

Para probar la configuración, abra el software Putty, como se muestra.

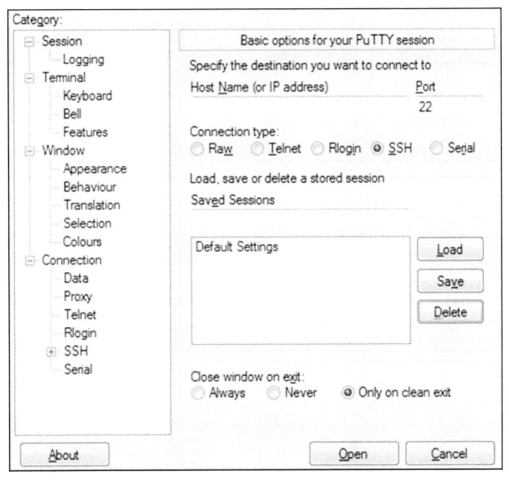

Para probar la comunicación telnet, en la pantalla de configuración de Putty, seleccione el tipo de conexión **Telnet**, introduzca la dirección IP del conmutador y haga clic en el botón **Apply**.

Specify the destination you want to connect to

Host Name (or IP address)   Port

192.168.1.11   23

Connection type:
○ Raw ⦿ Telnet ○ Rlogin ○ SSH ○ Serial

Para probar la comunicación ssh, en la pantalla de configuración de Putty, seleccione el tipo de conexión **SSH**, introduzca la dirección IP del conmutador y haga clic en el botón **Apply**.

```
Specify the destination you want to connect to
Host Name (or IP address)                    Port
 192.168.1.11                                 22

Connection type:
  Raw    Telnet    Rlogin    ● SSH    Serial
```

Para probar la comunicación http, abra un navegador, introduzca la dirección IP del conmutador precedido por **http://** y acceda al interfaz web.

Para probar la comunicación https, abra un navegador, introduzca la dirección IP del conmutador precedido por **https://** y acceda al interfaz web.

Algunos lectores prefieren utilizar la línea de comandos en vez de la interfaz web, por lo tanto, también vamos a demostrar cómo habilitar un servicio utilizando la línea de comandos.

Acceda a la línea de comandos del conmutador mediante la consola, telnet o ssh e inicie una sesión con un usuario que tenga privilegios administrativos.

Si aplicable a su modelo de conmutador, introduzca el comando **_cmdline-mode** para acceder a la línea de comandos secreta.

```
# cmdline-mode on
```

Utilice el comando **system-view** para entrar en el modo de configuración.

```
# system-view
```

Utilice el siguiente comando para habilitar el servicio telnet.

```
# telnet server enable
```

Utilice el siguiente comando para deshabilitar el servicio telnet.

```
# undo telnet server enable
```

Utilice el siguiente comando para habilitar el servicio ssh.

```
# ssh server enable
```

Utilice el siguiente comando para verificar el estado del servicio ssh.

```
# display ssh server status
```

Utilice el siguiente comando para deshabilitar el servicio ssh.

```
# undo ssh server enable
```

Configure las interfaces de acceso remoto para solicitar la autenticación mediante nombre de usuario y contraseña.

```
# user-interface vty 0 15
# authentication-mode scheme
```

Utilice el siguiente comando para habilitar la interfaz web http.

```
# ip http enable
```

Utilice el siguiente comando para verificar el estado del servicio http.

```
# display ip http
```

Utilice el siguiente comando para deshabilitar la interfaz web http.

```
# undo ip http enable
```

Utilice el siguiente comando para habilitar la interfaz web https.

```
# ip https enable
```

Utilice el siguiente comando para verificar el estado del servicio htps.

```
# display ip https
```

Utilice el siguiente comando para deshabilitar la interfaz web https.

```
# undo ip https enable
```

Utilice el comando **save** para guardar la configuración.

```
# save
```

Conclusión

Este capítulo enseñó a través de ejemplos prácticos cómo hacer la gestión de cuentas y cómo habilitar los servicios de acceso remoto para ayudar al administrador de la red a lograr un mejor control de acceso.

Durante todo este capítulo, fuimos capaces de seguir a Luke mientras configuraba un conmutador para cumplirse los siguientes requisitos del proyecto enumerados en el documento denominado ***Requisitos de la nueva red***.

• Debe ser posible administrar el switch a través de Telnet, ssh y http
• Debe ser posible configurar múltiples niveles de acceso a un switch

Al final de este capítulo, el lector debe ser capaz de mejorar el trabajo en equipo a través de la creación de cuentas de usuario y el uso de los servicios de acceso remoto.

Los siguientes videos fueron publicados en nuestro canal de Youtube para mostrarle cómo utilizar las técnicas presentadas en este capítulo y mejorar su curva de aprendizaje:

• HP Switch – Gestión de Usuarios
• HP Switch – Cómo configurar Telnet
• HP Switch – Cómo configurar SSH

– Capítulo 05 –

RED VIRTUAL

Después de terminar la configuración inicial de los conmutadores, Luke decidió aislar a los servidores de los ordenadores a través del uso de vlans.

Certificaciones de seguridad de la información, tales como ISO 27001 requieren la implementación de controles de acceso, como la segregación de la red basado en grupos de usuarios o servicios para reducir el riesgo de acceso no autorizado.

La red virtual es una técnica de control de acceso que permite al administrador aislar lógicamente los dispositivos conectados a un switch.

Este capítulo le enseñará cómo realizar la gestión de vlans a través de un enfoque paso a paso.

A lo largo de este capítulo, se presentarán las siguientes tareas relacionadas con la ejecución del proyecto de la red:

• Cómo crear una Vlan
• Cómo conectar un dispositivo a una Vlan
• Cómo conectar dos switches usando un tronco

Todas las lecciones incluidas en este capítulo se presentarán de manera práctica utilizando el punto de vista de Luke durante la ejecución de su proyecto.

Creación de Vlan

Después de una breve planificación, se decidió que se requieren dos redes virtuales para separar los servidores de la empresa y los ordenadores de sobremesa.

En nuestro ejemplo, los equipos que desempeñan función de servidor deben estar conectados a la vlan 10, mientras que los ordenadores de sobremesa y ordenadores portátiles deben estar conectados a la vlan 20.

Acceda a la interfaz web, seleccione el menú **Network** y haga clic en la opción *VLAN* para ser enviados a la página de gestión de vlans.

Para crear una nueva vlan, seleccione la ficha *Create*, introduzca un identificador numérico para la red virtual y haga clic en el botón *Create*.

Select VLAN	Create	Port Detail	Detail	Modify VLAN	Modify Port	Remove

Create:

VLAN IDs: `10`   Example:3, 5-10

Create

Durante la creación de una vlan se puede configurar una descripción para la red virtual, por lo tanto, seleccione la VLAN creada anteriormente, escriba una breve descripción y haga clic en el botón *Apply*.

Modify VLAN description (Note: you can do this later on the Modify VLAN page)

Modify the description of the selected VLAN:

ID	Description	
1	SERVERS	(1-32 Chars.)

Apply

En nuestro ejemplo, se crearon dos vlans. La primera vlan representa servidores de la compañía y recibió el número de identificación 10, mientras que la segunda vlan representa los ordenadores de sobremesa y recibió el número de identificación 20.

Después de terminar la creación de vlan, asegúrese de guardar la configuración haciendo clic en la opción *Save* disponible en la parte superior derecha de la pantalla.

Si necesita eliminar una vlan existente, accede a la ficha *Remove*, seleccione la vlan deseada y haga clic en el botón *Remove*.

Algunos lectores prefieren utilizar la línea de comandos en vez de la interfaz web, por lo tanto, también vamos a demostrar cómo crear una vlan usando la línea de comandos.

Acceda a la línea de comandos del conmutador mediante la consola, telnet o ssh e inicie una sesión con un usuario que tenga privilegios administrativos.

Si aplicable a su modelo de conmutador, introduzca el comando *_cmdline-mode* para acceder a la línea de comandos secreta.

```
# _cmdline-mode on
```

Utilice el comando *system-view* para entrar en el modo de configuración.

```
# system-view
```

Utilice los siguientes comandos para crear una vlan.

```
# vlan 10
# description SERVERS
```

```
# vlan 20
# description DESKTOP
# quit
```

Utilice el siguiente comando para verificar la configuración.

```
# display vlan
```

Utilice el comando *save* para guardar la configuración.

```
# save
```

Para eliminar una vlan, acceda al modo de configuración y utilice el siguiente comando.

```
# undo vlan 10
```

Configuración de Vlan

Después de terminar la creación de vlan, mostraremos cómo configurar un puerto del switch como miembro de una vlan, por lo tanto, Acceda a la interfaz web, seleccione el menú *Network* y haga clic en la opción *VLAN* para ser enviado a la página de gestión de vlans.

Para configurar un puerto del switch como miembro de la vlan, acceda a la ficha *Modify Port*, seleccione el puerto que desee, seleccione la casilla *Link Type*, seleccione la opción *Access* en el cuadro combinado y haga clic en el botón *Apply*.

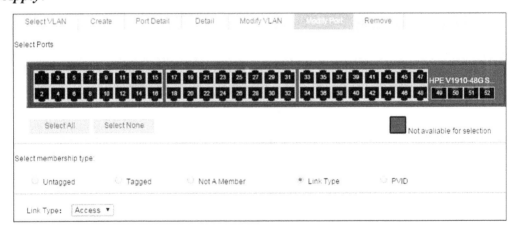

El tipo de enlace *Access* especifica que un puerto del switch es miembro de una única vlan, por lo tanto, todos los dispositivos conectados a este puerto se asocian automáticamente a la vlan sin necesidad de configuración adicional en el dispositivo final.

Una vez realizada la configuración del tipo de enlace, el administrador de red tiene que asociar el puerto con una vlan específica, por lo tanto, seleccione el puerto deseado, seleccione la casilla **Untagged**, introduzca el número de una vlan y haga clic en el botón **Apply**.

El tipo **Untagged** especifica que ninguna configuración adicional es requirida en el dispositivo final conectado al puerto del switch, por lo tanto, el switch hará todo el etiquetado de paquetes por sí mismo.

En nuestro ejemplo, el primer puerto del switch fue configurado en modo de acceso y como miembro de la vlan 10, por lo tanto, cualquier dispositivo conectado a este puerto será un miembro de la vlan servidores.

Para comprobar la configuración, acceda a la ficha **Port Detail**, seleccione el puerto deseado y verifica si la información que se muestra es correcta.

Es importante destacar que todos los puertos del switch están en modo de acceso y son miembros de la vlan 1 por defecto.

Después de terminar la configuración de vlan, asegúrese de guardar la configuración haciendo clic en la opción **Save** disponible en la parte superior derecha de la pantalla.

Algunos lectores prefieren utilizar la línea de comandos en vez de la interfaz web, por lo tanto, también vamos a demostrar cómo configurar un puerto de switch como miembro de una vlan utilizando la línea de comandos.

Acceda a la línea de comandos del conmutador mediante la consola, telnet o ssh e inicie una sesión con un usuario que tenga privilegios administrativos.

Si aplicable a su modelo de conmutador, introduzca el comando _*cmdline-mode* para acceder a la línea de comandos secreta.

```
# _cmdline-mode on
```

Utilice el comando *system-view* para entrar en el modo de configuración.

```
# system-view
```

Configure el puerto en modo de acceso y como miembro de una vlan existente.

```
# interface GigabitEthernet1/0/1
# port link-type access
# port access vlan 10
```

Utilice el siguiente comando para verificar la configuración.

```
# display interface brief
```

Utilice el comando *save* para guardar la configuración.

```
# save
```

Para eliminar la configuración de vlan, acceda al modo de configuración y utilice los siguientes comandos.

```
# interface GigabitEthernet1/0/1
# undo port link-type
# undo port access vlan
```

Configuración del Tronco

Después de terminar la creación de vlan, mostraremos cómo configurar un puerto del switch como un tronco, por lo tanto, Acceda a la interfaz web, seleccione el menú *Network* y haga clic en la opción *VLAN* para ser enviado a la página de gestión de vlans.

Para configurar un puerto del switch en modo de tronco, acceda a la ficha *Modify Port*, seleccione el puerto que desee, seleccione la casilla *Link Type*, seleccione la opción *Trunk* en el cuadro combinado y haga clic en el botón *Apply*.

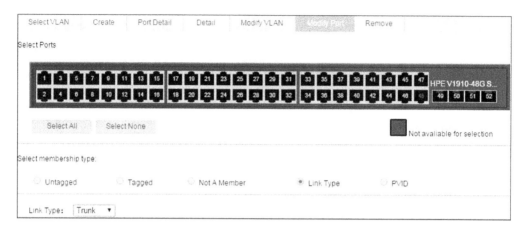

El tipo de enlace *trunk* especifica que un puerto es capaz de enviar y recibir tráfico de varias vlans, generalmente, este modo se utiliza para conectar dos switches para permitir la comunicación entre los dispositivos que se encuentran en la misma vlan, pero están conectados físicamente a diferentes switches.

Después de que el puerto del conmutador fue configurado como un tronco, aún tenemos que realizar dos tareas de configuración adicionales para completar la configuración.

En primer lugar, el administrador de red necesita configurar una lista de las vlans que pueden pasar a través de este puerto del conmutador, por lo tanto, seleccione el puerto deseado, seleccione la casilla *Tagged*, introduzca el número de identificación de las vlans autorizadas separadas por comas y haga clic en el botón *Apply*.

En segundo lugar, el administrador de red debe configurar una VLAN por defecto para el tronco, por lo tanto, seleccione el puerto deseado, seleccione la casilla *Untagged*, introduzca el número de identificación de la VLAN deseada y haga clic en el botón *Apply*.

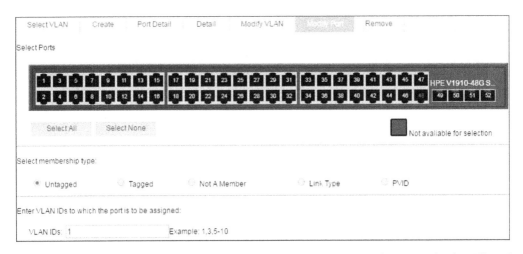

En nuestro ejemplo, el puerto 48 fue configurado en modo de troncal, el tráfico de las vlans 1, 10 y 20 fueron autorizados, mientras la vlan 1 fue configurada como la vlan por defecto para este tronco.

Si el switch recibe un paquete sin una identificación de vlan en el puerto 48, el dispositivo asumirá automáticamente que este paquete es un miembro de la vlan 1 *por defecto*.

Para funcionar correctamente, el puerto de tronco configurada en el *conmutador A* debe estar configurada de la misma manera que el puerto de tronco del *conmutador B*. En nuestro ejemplo, el puerto 48 del switch de *fkit-sw01* fue configurado de la misma manera que el puerto 48 del switch *fkit-sw02*.

Para comprobar la configuración, acceda a la ficha *Port Detail*, seleccione el puerto deseado y verifica si la información que se muestra es correcta.

Después de terminar la configuración del tronco, asegúrese de guardar la configuración haciendo clic en la opción *Save* disponible en la parte superior derecha de la pantalla.

Algunos lectores prefieren utilizar la línea de comandos en vez de la interfaz web, por lo tanto, también vamos a demostrar cómo configurar un puerto de switch como tronco utilizando la línea de comandos.

Acceda a la línea de comandos del conmutador mediante la consola, telnet o ssh e inicie una sesión con un usuario que tenga privilegios administrativos.

Si aplicable a su modelo de conmutador, introduzca el comando _*cmdline-mode* para acceder a la línea de comandos secreta.

```
# _cmdline-mode on
```

Utilice el comando *system-view* para entrar en el modo de configuración.

```
# system-view
```

Configure el puerto en modo de tronco, configure la vlan por defecto y defina una lista de vlans permitidas.

```
# interface GigabitEthernet1/0/48
# port link-type trunk
# port trunk pvid vlan 1
# port trunk permit vlan 1 10 20
```

Utilice el siguiente comando para verificar la configuración.

```
# display port trunk
```

Utilice el comando *save* para guardar la configuración.

```
# save
```

Para eliminar la configuración de tronco, acceda al modo de configuración y utilice el siguiente comando.

```
# interface GigabitEthernet1/0/48
# undo port link-type
```

Configuración Híbrida

Un puerto del switch en modo híbrido combina las características del modo de acceso y el modo de tronco para permitir el tráfico de varias vlans, que *podrán ser etiquetadas o no*.

Después de evaluar las necesidades del proyecto, Luke llegó a la conclusión de que no se necesitan puertos híbridos para implementar su proyecto de red, por lo tanto, la siguiente configuración será demostrada solamente para propósitos educativos.

Para configurar un puerto de switch en modo híbrido, acceda a la ficha *Modify Port*, seleccione el puerto que desee, seleccione la casilla *Link type*, seleccione la opción *Hybrid* en el cuadro combinado y haga clic en el botón *Apply*.

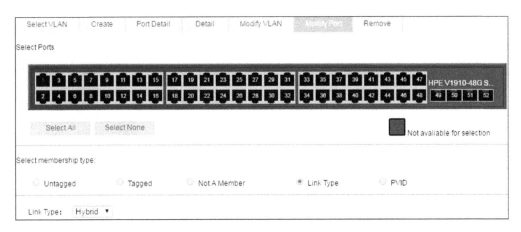

Después de que el puerto del conmutador fue configurado como híbrido, aún tenemos que realizar dos tareas de configuración adicionales para completar la configuración.

En primer lugar, el administrador de red necesita configurar una lista de vlans etiquetadas que pueden pasar a través de este puerto, por lo tanto, seleccione el puerto deseado, seleccione la casilla *Tagged*, introduzca el número de identificación de las vlans autorizadas separadas por comas y haga clic en el botón *Apply*.

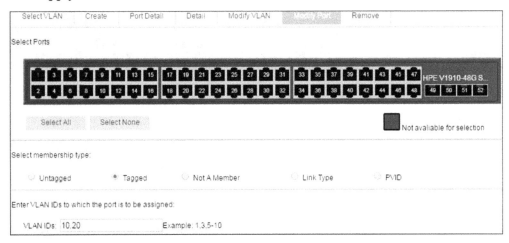

En segundo lugar, el administrador de red debe configurar una lista de las vlans sin etiquetar que pueden pasar a través de este puerto del conmutador, por lo tanto, seleccione el puerto deseado, seleccione la casilla *Untagged*, introduzca el número de identificación de las vlans autorizadas separadas por comas y haga clic en el botón *Apply*.

En nuestro ejemplo, el puerto 1 fue configurado en modo híbrido, el tráfico de las vlans 1 y 2 fue autorizado sin etiquetar mientras que el tráfico de las vlans 10 y 20 fue autorizado con el etiquetado.

Para comprobar la configuración, acceda a la ficha *Port Detail*, seleccione el puerto deseado y verifica si la información que se muestra es correcta.

Después de terminar la configuración híbrida, asegúrese de guardar la configuración haciendo clic en la opción *Save* disponible en la parte superior derecha de la pantalla.

Algunos lectores prefieren utilizar la línea de comandos en vez de la interfaz web, por lo tanto, también vamos a demostrar cómo configurar un puerto híbrida utilizando la línea de comandos.

Acceda a la línea de comandos del conmutador mediante la consola, telnet o ssh e inicie una sesión con un usuario que tenga privilegios administrativos.

Si aplicable a su modelo de conmutador, introduzca el comando *_cmdline-mode* para acceder a la línea de comandos secreta.

```
#   cmdline-mode on
```

Utilice el comando *system-view* para entrar en el modo de configuración.

```
# system-view
```

Configure el puerto en modo híbrido, configure las vlans permitidas etiquetadas y las vlans permitidas sin etiquetar.

```
# interface GigabitEthernet1/0/1
# port link-type hybrid
# port hybrid vlan 10 20 tagged
# port hybrid vlan 1 2 untagged
```

Utilice el siguiente comando para verificar la configuración.

```
# display port hybrid
```

Utilice el comando *save* para guardar la configuración.

```
# save
```

Para eliminar la configuración híbrida, acceda al modo de configuración y utilice el siguiente comando.

```
# interface GigabitEthernet1/0/1
# undo port link-type
```

Conclusión

Este capítulo enseñó a través de ejemplos prácticos cómo crear y administrar las vlans para ayudar al administrador de red a mejorar su control sobre la red.

Durante todo este capítulo, fuimos capaces de seguir a Luke mientras configuraba un conmutador para cumplirse los siguientes requisitos del proyecto enumerados en el documento denominado ***Requisitos de la nueva red***.

• Los servidores deben ser aislados en una vlan exclusiva
• Los ordenadores deben ser aislados en una vlan exclusiva

Al final de este capítulo, el lector debe ser capaz de crear vlans, configurar un puerto de switch como miembro de una vlan y permitir la comunicación entre dispositivos en la misma vlan que están conectados a diferentes switches utilizando un tronco.

Los siguientes videos fueron publicados en nuestro canal de Youtube para mostrarle cómo utilizar las técnicas presentadas en este capítulo y mejorar su curva de aprendizaje:

• HP Switch – Configuración de Vlan
• HP Switch – Configuración de Trunk

– Capítulo 06 –

ENRUTAMIENTO ENTRE VLANS

A través del uso de vlan, somos capaces de crear un aislamiento lógico entre los dispositivos conectados al mismo conmutador, por lo tanto, se puede afirmar que un ordenador conectado a la vlan 20 no será capaz de comunicarse con un servidor conectado a la vlan 10.

Para habilitar la comunicación entre los dispositivos conectados en diferentes vlans, el administrador de red necesita realizar la instalación y configuración de un dispositivo con capacidad de enrutamiento.

Durante la fase de planificación del proyecto, presentado en el primer capítulo de este libro, Luke evaluó las necesidades de los interesados y decidió comprar los modelos de switches 1910 y A5500 para implementar el proyecto de la red.

Entre los conmutadores adquiridos para el proyecto, el modelo A5500 fue elegido como el switch principal de la red y será responsable de permitir el enrutamiento entre las vlans.

A lo largo de este capítulo, se presentarán las siguientes tareas relacionadas con la ejecución del proyecto de la red:

• Cómo configurar un ordenador para acceder a un switch
• Cómo hacer el primer acceso a un switch a través de la interfaz web
• Cómo configurar una dirección IP en un switch
• Cómo activar el enrutamiento entre las vlans
• Cómo crear una ruta estática por defecto
• Cómo configurar un servidor Dhcp

Todas las lecciones incluidas en este capítulo se presentarán de manera práctica utilizando el punto de vista de Luke durante la ejecución de su proyecto y la configuración del switch *A5500*.

Configuración Inicial

Existen varios modelos de switches HP. Por lo tanto, es posible que algunos de los pasos presentados en el segundo capítulo de este libro utilizando el modelo de switch 1910 no sean aplicables al modelo de conmutador A5500.

Después de terminar la conexión física entre el ordenador y la interfaz de consola del conmutador, el administrador de red debe utilizar un software específico para acceder a la línea de comando del switch, por lo tanto, visita la página web **putty.org** y descarga el software.

Para que el ordenador pueda comunicarse con este modelo de conmutador a través de un cable de consola tendrá que personalizar los ajustes de conexión, por lo tanto, después de abrir **Putty**, seleccione la categoría denominada **Serial** y cambia los siguientes parámetros.

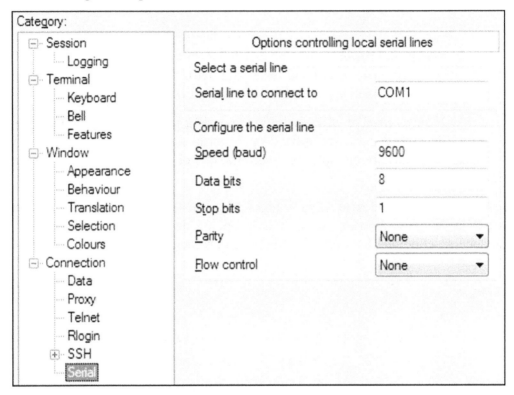

La opción **Serial line** especifica el puerto de comunicación de que el equipo debe utilizar para comunicarse con el conmutador. En nuestro ejemplo, se decidió que el ordenador debe utilizar el puerto de comunicación COM1.

Observe que el número del puerto de comunicación que se utiliza puede variar, por lo tanto, si el puerto de comunicación **com1** no funciona, intente utilizar el puerto de comunicación siguiente **com2**, y así sucesivamente.

La opción **Speed** determina la velocidad de transmisión que se debe utilizar para comunicarse con el conmutador. En nuestro ejemplo, se decidió utilizar la velocidad de transferencia de 9600 bits como se indica en el manual del producto.

Observe que el manual del conmutador debe ser consultado ya que los diferentes modelos de switches pueden requerir diferentes velocidades de conexión. En nuestro ejemplo, mientras que el modelo de conmutador 1910 utiliza la velocidad de comunicación de 38400, el modelo, A5500, utiliza la velocidad de 9600.

La opción **Data bits** determina la cantidad de bits que contienen información que puede ser enviada al mismo tiempo al el conmutador. En nuestro ejemplo, se decidió que el ordenador debe enviar los paquetes que contienen datos de 8 bits al switch, como se indica en el manual del producto.

La opción **Stop bits** especifica el número de bits que se deben utilizar para indicar una rotura o un fin en la comunicación con el conmutador de red. En nuestro ejemplo, se decidió utilizar solamente un solo bit, como se indica por el manual del producto.

La opción **Parity** era utilizada para detectar fallas en la comunicación debido a las interferencias, pero en la actualidad, este parámetro ya no se utiliza. En nuestro ejemplo, se determinó que la paridad no debe ser utilizada.

La opción **Flow control** se utilizaba antiguamente para establecer qué mecanismo de control de flujo debería ser utilizado pero en la actualidad, este parámetro ya no se utiliza. En nuestro ejemplo, se determinó que el control de flujo no debe ser utilizado.

Después de ajustar todos los parámetros de la conexión serial como se muestra, vaya a la categoría **Session**, selecciona la opción de tipo de conexión **Serial** y haga clic en el botón **Open** para iniciar la comunicación entre el conmutador y el ordenador.

Después de hacer clic en el botón **Open**, la siguiente pantalla debe ser presentada.

En nuestro ejemplo, el administrador de la red hizo el acceso inicial a la línea de comandos de un conmutador a través del puerto consola utilizando el software Putty y un cable de consola.

Es importante destacar que, por defecto, este modelo de conmutador permitirá el acceso a la consola sin solicitar ninguna información de autenticación, por lo tanto, el administrador de red necesita crear una cuenta de usuario con privilegios administrativos y configurar la interfaz de consola para solicitar la autenticación a través de nombre de usuario y contraseña.

Utilice el comando *system-view* para entrar en el modo de configuración.

```
# system-view
```

Utilice los siguientes comandos para crear un grupo con permisos administrativos.

```
# user-group FKIT-ADMIN
# authorization-attribute level 3
```

Utilice el siguiente comando para verificar la configuración.

```
# display user-group
```

Utilice los siguientes comandos para crear un usuario con permisos administrativos.

```
# local-user admin
# password simple kamisama123@
# group FKIT-ADMIN
# service-type terminal
# service-type ssh telnet
# service-type web
```

En nuestro ejemplo, el usuario admin recibió el nivel de acceso *management* y el permiso para conectarse al conmutador mediante la *consola*, *ssh*, *telnet* y la *interfaz web*.

Utilice el siguiente comando para verificar la configuración.

```
# display local-user
```

Como medida de seguridad, se debe configurar la consola para solicitar la autenticación a través de nombre de usuario y contraseña.

```
# user-interface aux 0
# authentication-mode scheme
```

Para probar la configuración, cierre su sesión de consola con el comando *quit* e intente iniciar una sesión con el nombre de usuario creado previamente.

Configurar una Dirección IP

Durante la fase de configuración inicial, el administrador de la red tendrá que definir una dirección IP administrativa que se utiliza para acceder al equipo de manera remota.

Utilice el comando *system-view* para entrar en el modo de configuración.

```
# system-view
```

Utilice los siguientes comandos para acceder a la interfaz por defecto *Vlan-interface1* y configurar una dirección IP administrativa.

```
# int Vlan-interface 1
# ip address 192.168.1.1 255.255.255.0
```

Utilice el siguiente comando para verificar la configuración.

```
# display interface Vlan-interface 1
```

Para probar la instalación, se debe configurar una dirección IP de la misma red en un ordenador y conectarlo a cualquier puerto del conmutador.

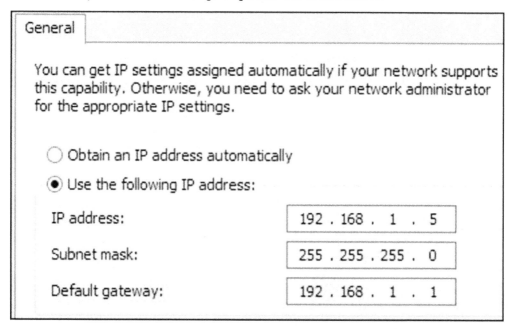

Después de conectar el equipo a un puerto del conmutador, acceda a la línea de comandos, salga del modo de configuración e intenta una prueba de conectividad entre el ordenador y el switch a través del comando *ping*.

```
# quit
# ping 192.168.1.5
```

Después de terminar la configuración y la prueba de conectividad, utilice el comando *system-view* para entrar en el modo de configuración y habilita la interfaz web.

```
# system-view
# ip http enable
```

Después de terminar la configuración y la prueba de conectividad entre los dispositivos, abra su navegador, escriba la dirección IP del conmutador y acceda a la interfaz web.

En la interfaz web, introduzca el username creado, su contraseña y el código de verificación que aparece en la pantalla.

Después de una conexión exitosa, guarda la configuración del switch haciendo clic en la opción *Save* disponible en la parte superior derecha de la pantalla.

En nuestro ejemplo, mostramos cómo realizar la configuración de una dirección IP administrativa utilizando la línea de comandos; también mostramos cómo acceder a la interfaz web y cómo guardar la configuración del switch.

Tipos de Dispositivos

Después de evaluar las necesidades del proyecto, Luke decidió que cuatro tipos de dispositivos deben ser autorizados para conectarse a la nueva red, por lo tanto, aquí presentamos la lista de dispositivos y sus descripciones.

Los servidores deben estar conectados a la **vlan 10** y deben ser configurados manualmente para utilizar una dirección IP de la red 192.168.**10**.0/24.

Los ordenadores deben estar conectados a la **vlan 20** y deben ser configurados automáticamente para utilizar una dirección IP de la red 192.168.**20**.0/24 a través del servidor dhcp.

Los teléfonos deben estar conectados a la **vlan 30** y deben ser configurados automáticamente para utilizar una dirección IP de la red 192.168.**30**.0/24 a través del servidor dhcp.

Las computadoras de los visitantes externos deben estar conectados a la **vlan 40** y deben ser configurados automáticamente para utilizar una dirección IP de la red 192.168.**40**.0/24 a través del servidor dhcp.

Guía Paso a Paso

El proceso de enrutamiento entre las vlans es complejo y requiere toda la atención del administrador de red para entender y llevar a cabo los muchos pasos necesarios.

Como primer paso, el administrador de red necesita acceder al switch principal y crear todas las vlans que se conectarán a través de enrutamiento.

Como segundo paso, el administrador de red necesita acceder al switch principal y crear una interfaz virtual para cada una de las vlans que se conectarán a través de enrutamiento.

Como tercer paso, el administrador de red necesita acceder al switch principal y crear una ruta estática por defecto para conectar los dispositivos de la red interna a Internet.

Como cuarto paso, el administrador de red necesita acceder al switch principal y configurar el servicio dhcp para asignar direcciones IP automáticamente a los dispositivos conectados a las vlans 20, 30 y 40.

Creación de Vlan

Como primer paso, el administrador de red necesita crear todas las vlans necesarias en el switch principal.

Acceda a la interfaz web, seleccione el menú **Network** y haga clic en la opción *VLAN* para ser enviados a la página de gestión de vlans.

Para crear varias vlans, seleccione la ficha *Create*, introduzca los números de identificación separados por comas y haga clic en el botón *Create*.

Select VLAN	Create	Port Detail	Detail	Modify VLAN	Modify Port
Create:					
VLAN IDs:	10,20,30,40			Example:3, 5-10	
					Create

Durante la creación de una vlan se puede configurar una descripción para la red virtual, por lo tanto, seleccione la vlan creada anteriormente, escriba una breve descripción y haga clic en el botón *Apply*.

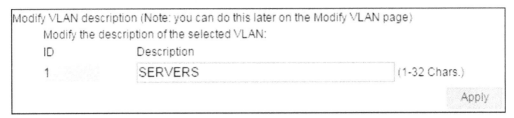

En nuestro ejemplo, todas las vlans necesarias para la ejecución del proyecto fueron creadas y recibieron sus respectivas descripciones.

Algunos lectores prefieren utilizar la línea de comandos en vez de la interfaz web, por lo tanto, también vamos a demostrar cómo crear una vlan usando la línea de comandos.

Acceda a la línea de comandos del conmutador mediante la consola, telnet o ssh e inicie una sesión con un usuario que tenga privilegios administrativos.

Utilice el comando *system-view* para entrar en el modo de configuración.

```
# system-view
```

Utilice los siguientes comandos para crear las vlans requeridas.

```
# vlan 10
# description SERVERS

# vlan 20
# description DESKTOP

#vlan 30
# description VOIP

# vlan 40
# description GUESTS
# quit
```

Utilice el siguiente comando para verificar la configuración.

```
# display vlan
```

Utilice el comando *save* para guardar la configuración.

```
# save
```

Creación de Interfaz Virtual

Como segundo paso, el administrador de red necesita acceder al switch principal y crear una interfaz virtual para cada una de las vlans que se conectarán a través de enrutamiento.

En el pasado, si quería hacer enrutamiento entre dos redes, un dispositivo de enrutamiento con dos interfaces físicas tenía que ser utilizado, y cada interfaz tenía que ser conectada a una de las redes.

Hoy en día, el uso de interfaces físicas no es una necesidad, y un administrador de red puede utilizar las interfaces de red virtuales para realizar la misma función.

En nuestro ejemplo, el switch principal efectuará el enrutamiento entre las vlans mediante el uso de interfaces virtuales.

Después de terminar la creación de las vlans, acceda a la interfaz web, seleccione el menú *Network* y haga clic en la opción *VLAN Interface* para ser enviados a la página de gestión de interfaces virtuales.

Para crear una interfaz virtual, acceda a la ficha *Create*, seleccione la opción *Configure Primary IPv4 Address*, desactive la opción *Configure IPv6 link-local address*, introduzca el identificador de una vlan existente, seleccione la opción de configuración *Manual*, introduzca la dirección IP deseada, la máscara de red y haga clic en el botón *Apply*.

Después de terminar la creación de la primera interfaz virtual, repita el proceso para todas las vlan del proyecto. En nuestro ejemplo, las siguientes interfaces virtuales fueron creadas 10, 20, 30 y 40.

En nuestro ejemplo, la interfaz virtual *VLAN-Interface10* fue creada y configurada con la dirección IP 192.168.**10.1** y la máscara de red 255.255.255.0.

En nuestro ejemplo, la interfaz virtual *VLAN-Interface20* fue creada y configurada con la dirección IP 192.168.**20.1** y la máscara de red 255.255.255.0.

En nuestro ejemplo, la interfaz virtual *VLAN-Interface30* fue creada y configurada con la dirección IP 192.168.**30.1** y la máscara de red 255.255.255.0.

En nuestro ejemplo, la interfaz virtual *VLAN-Interface40* fue creada y configurada con la dirección IP 192.168.**40.1** y la máscara de red 255.255.255.0.

Algunos lectores prefieren utilizar la línea de comandos en vez de la interfaz web, por lo tanto, también vamos a demostrar cómo crear una interfaz virtual utilizando la línea de comandos.

Acceda a la línea de comandos del conmutador mediante la consola, telnet o ssh e inicie una sesión con un usuario que tenga privilegios administrativos.

Utilice el comando *system-view* para entrar en el modo de configuración.

```
# system-view
```

Utilice los siguientes comandos para crear las interfaces virtuales.

```
# interface Vlan-interface10
# ip address 192.168.10.1 255.255.255.0
# undo shutdown

# interface Vlan-interface20
# ip address 192.168.20.1 255.255.255.0
# undo shutdown

# interface Vlan-interface30
# ip address 192.168.30.1 255.255.255.0
# undo shutdown

# interface Vlan-interface40
# ip address 192.168.40.1 255.255.255.0
# undo shutdown
```

Utilice el siguiente comando para verificar la configuración.

```
# display interface Vlan-interface 10

Vlan-interface10 current state: UP
Line protocol current state: UP
```

Para que el de enrutamiento entre las vlans funcione correctamente todas las interfaces virtuales que participan en el proceso deben estar en funcionamiento, como se muestra arriba.

Una interfaz virtual puede no funcionar si el switch no tiene al menos un puerto asociado con la vlan de la interfaz virtual.

Una interfaz virtual puede permanecer desconectado si el switch no tiene al menos un puerto configurado en modo de tronco que permita la transmisión de esta vlan.

Después de finalizar la configuración de todas las interfaces virtuales y asegurarse de que todas las interfaces virtuales están en funcionamiento, se puede afirmar que el de enrutamiento entre las vlans fue configurado correctamente.

En nuestro ejemplo, el administrador de red realizo la creación y la configuración de cuatro interfaces virtuales para permitir el enrutamiento entre estas redes.

Configuración de la Ruta por Defecto

Como tercer paso, el administrador de red necesita crear una ruta predeterminada en el switch principal para conectar los dispositivos de la red interna a Internet a través del firewall de la empresa.

Acceda a la interfaz web, seleccione el menú *Network* y haga clic en la opción *IPV4 Routing* para ser enviados a la página de gestión de rutas.

Para crear una nueva ruta, acceda a la ficha *Create*, introduzca la dirección de red, la máscara de red, la dirección de puerta de enlace predeterminada y haga clic en el botón *Apply*.

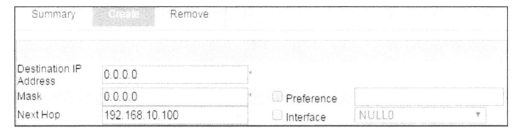

En nuestro ejemplo, una ruta estática por defecto fue creada apuntando a la dirección IP del firewall de la empresa 192.168.10.100, como el puerto de enlace predeterminada.

Algunos lectores prefieren utilizar la línea de comandos en vez de la interfaz web, por lo tanto, también vamos a demostrar cómo crear una ruta estática utilizando la línea de comandos.

Acceda a la línea de comandos del conmutador mediante la consola, telnet o ssh e inicie una sesión con un usuario que tenga privilegios administrativos.

Utilice el comando *system-view* para entrar en el modo de configuración.

```
# system-view
```

Utilice el comando *ip* para crear una ruta estática.

```
# ip route-static 0.0.0.0 0.0.0.0 192.168.10.100
```

Utilice el siguiente comando para verificar la configuración.

```
# display ip routing-table
```

Utilice el comando *save* para guardar la configuración.

```
# save
```

Instalación del Servidor Dhcp

Como cuarto paso, el administrador de red tiene que instalar el servicio dhcp para asignar direcciones IP automáticamente a los dispositivos conectados a las vlans 20, 30 y 40.

Acceda a la interfaz web, seleccione el menú *Network* y haga clic en la opción *DHCP* para ser enviados a la página de gestión del servicio.

Para habilitar el servicio dhcp a nivel global, acceda a la ficha *DHCP Server*, seleccione la opción *Enable* y haga clic en el botón *Apply*.

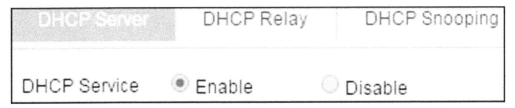

Después de habilitar el servicio dhcp a nivel global, selecciona la opción *Dynamic*, haga clic en el botón *Add* para agregar una nueva red al servidor dhcp y configura las otras opciones de configuración, como se muestra.

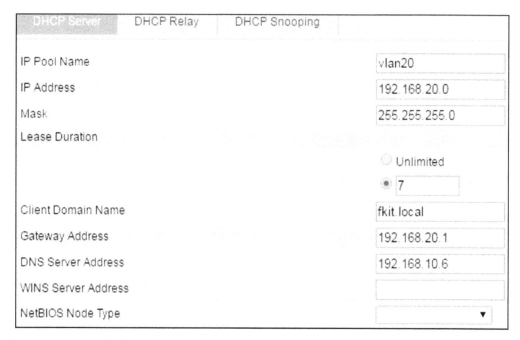

Durante la instalación de una nueva red en el servidor dhcp, el administrador de red tendrá que establecer una serie de parámetros de servicio, por lo tanto, aquí presentamos una lista de parámetros y sus descripciones.

El parámetro *IP Pool Name* especifica un nombre para identificar la nueva red añadida al servidor dhcp. En nuestro ejemplo, hemos configurado la palabra vlan20 como la identificación.

El parámetro *IP address* especifica la nueva red añadida al servidor dhcp. En nuestro ejemplo, el ámbito llamado vlan20 fue configurado para asignar la red 192.168.20.0 a través del servidor dhcp.

El parámetro *Mask* especifica qué máscara se debe añadir a esta red. En nuestro ejemplo, el ámbito llamado vlan20 fue configurado para asignar la máscara de red 255.255.255.0 a través del servidor dhcp.

El parámetro *Lease Duration* especifica la duración de la concesión de la dirección ofrecida a través de este servidor dhcp. En nuestro ejemplo, el ámbito llamado vlan20 fue configurado para arrendar una dirección IP durante siete días.

El parámetro *Client Domain* especifica el dominio dns ofrecido a través de este servidor dhcp. En nuestro ejemplo, el ámbito llamado vlan20 fue configurado para asignar el dominio fkit.local.

El parámetro *Gateway Address* específica qué dirección de puerta de enlace predeterminada se debe añadir a esta red. En nuestro ejemplo, el ámbito llamado vlan20 fue configurado para asignar la dirección de puerta de enlace predeterminada 192.168.20.1 a través del servidor dhcp.

El parámetro **DNS Server Address** especifica qué servidores dns deben ser ofrecidos a través de este servidor dhcp. En nuestro ejemplo, el ámbito llamado vlan20 fue configurado para asignar el servidor dns 192.168.10.6.

Después de finalizar la configuración de todos los parámetros, repita el proceso de creación de ámbito para todas las vlans que deben recibir automáticamente la asignación de direcciones IP a través del servidor dhcp. En nuestro ejemplo, este proceso se repitió para las vlans 30 y 40.

En nuestro ejemplo, si un ordenador está conectado a un puerto de switch que es miembro de la **vlan 20**, recibirá automáticamente una dirección IP de la red **192.168.20.0** con la máscara de red **255.255.255.0**, el puerto de enlace predeterminada se configurará como **192.168.20.1**, su dominio dns se establecerá como **fkit.local**, su servidor dns se configurará como **192.168.10.6**, y todas estas configuraciones serán válidas durante **7 días**.

En nuestro ejemplo, si un ordenador está conectado a un puerto de switch que es miembro de la **vlan 30**, recibirá automáticamente una dirección IP de la red **192.168.30.0** con la máscara de red **255.255.255.0**, el puerto de enlace predeterminada se configurará como **192.168.30.1**, su dominio dns se establecerá como **fkit.local**, su servidor dns se configurará como **192.168.10.6**, y todas estas configuraciones serán válidas durante **7 días**.

En nuestro ejemplo, si un ordenador está conectado a un puerto de switch que es miembro de la **vlan 40**, recibirá automáticamente una dirección IP de la red **192.168.40.0** con la máscara de red **255.255.255.0**, el puerto de enlace predeterminada se configurará como **192.168.40.1**, su dominio dns se establecerá como **fkit.local**, su servidor dns se configurará como **192.168.10.6**, y todas estas configuraciones serán válidas durante **7 días**.

Algunos lectores prefieren utilizar la línea de comandos en vez de la interfaz web, por lo tanto, también vamos a demostrar cómo configurar un servidor dhcp utilizando la línea de comandos.

Acceda a la línea de comandos del conmutador mediante la consola, telnet o ssh e inicie una sesión con un usuario que tenga privilegios administrativos.

Utilice el comando **system-view** para entrar en el modo de configuración.

```
# system-view
```

Utilice los siguientes comandos para activar el servidor dhcp a nivel global.

```
# dhcp enable
```

Configure un ámbito dhcp llamado vlan20.

```
# dhcp server ip-pool vlan20
# network 192.168.20.0 mask 255.255.255.0
```

```
# gateway-list 192.168.20.1
# dns-list 192.168.10.6
# domain-name fkit.local
# expired day 7
```

Configure un ámbito dhcp llamado vlan30.

```
# dhcp server ip-pool vlan30
# network 192.168.30.0 mask 255.255.255.0
# gateway-list 192.168.30.1
# dns-list 192.168.10.6
# domain-name fkit.local
# expired day 7
```

Configure un ámbito dhcp llamado vlan40.

```
# dhcp server ip-pool vlan40
# network 192.168.40.0 mask 255.255.255.0
# gateway-list 192.168.40.1
# dns-list 192.168.10.6
# domain-name fkit.local
# expired day 7
```

Utilice el siguiente comando para verificar la configuración de su ámbito dhcp.

```
# display dhcp server tree pool vlan20
```

Utilice el siguiente comando para verificar las direcciones concedidas.

```
# display dhcp server ip-in-use all
```

Utilice el comando *save* para guardar la configuración.

```
# save
```

Conclusión

Este capítulo enseñó a través de ejemplos prácticos cómo realizar el enrutamiento entre las vlans y cómo configurar un servidor dhcp en el switch principal para ayudar al administrador de la red a mejorar su control sobre la red.

Durante todo este capítulo, fuimos capaces de seguir a Luke mientras configuraba el conmutador de red principal para cumplirse los siguientes requisitos del proyecto enumerados en el documento denominado ***Requisitos de la nueva red***.

• Un switch debe ser elegido como el conmutador principal de la red
• El switch principal debe proporcionar el enrutamiento entre vlans
• El switch principal debe ser el servidor Dhcp
• Los ordenadores de mesa deben recibir la dirección IP de un servidor Dhcp

• Los teléfonos deben recibir la dirección IP de un servidor Dhcp
• Los ordenadores de visitantes deben recibir la dirección IP de un servidor Dhcp

Al final de este capítulo, el lector debe ser capaz de configurar el enrutamiento entre las vlans y hacer la instalación de un servidor dhcp.

Los siguientes videos fueron publicados en nuestro canal de Youtube para mostrarle cómo utilizar las técnicas presentadas en este capítulo y mejorar su curva de aprendizaje:

• HP Switch – Crear una interfaz virtual
• HP Switch – Instalación del servidor DHCP

– Capítulo 07 –

VOZ SOBRE IP

Después de terminar la configuración del switch principal, Luke decidió que es hora de realizar la integración de voz sobre IP de la red.

Debido a su sensibilidad, paquetes de voz deben ser tratados con mayor prioridad por el switch, por lo tanto, Luke decidió crear una vlan exclusiva para el tráfico de voz.

Este capítulo le enseñará cómo crear y configurar una vlan de voz a través de un enfoque paso a paso.

A lo largo de este capítulo, se presentarán las siguientes tareas relacionadas con la ejecución del proyecto de la red:

• Cómo crear una vlan de voz
• Cómo conectar un teléfono VoIP en una vlan de voz

Todas las lecciones incluidas en este capítulo se presentarán de manera práctica utilizando el punto de vista de Luke durante la ejecución de su proyecto.

Creación de Vlan de voz

Después de una breve planificación, se decidió que una vlan de voz exclusiva debe ser creada para separar el tráfico de voz del tráfico de datos.

En nuestro ejemplo, los teléfonos deben estar conectados a la vlan 30 para separar el tráfico de voz del tráfico de datos generado por las redes de ordenadores y servidores.

Acceda a la interfaz web, seleccione el menú **Network** y haga clic en la opción *VLAN* para ser enviados a la página de gestión de vlans.

Para crear una nueva vlan, seleccione la ficha *Create*, introduzca un identificador numérico para la red virtual y haga clic en el botón *Create*.

Durante la creación de una vlan se puede configurar una descripción para la red virtual, por lo tanto, seleccione la vlan creada anteriormente, escriba una breve descripción y haga clic en el botón *Apply*.

```
Modify VLAN description (Note: you can do this later on the Modify VLAN page)
    Modify the description of the selected VLAN:
    ID              Description
    30              VLAN 30 - VOIP                              (1-32 Chars.)
```

En nuestro ejemplo, una vlan se ha creado usando el número de identificación 30 y una descripción personalizada.

Después de terminar la creación de vlan, asegúrese de guardar la configuración haciendo clic en la opción *Save* disponible en la parte superior derecha de la pantalla.

Algunos lectores prefieren utilizar la línea de comandos en vez de la interfaz web, por lo tanto, también vamos a demostrar cómo crear una vlan usando la línea de comandos.

Acceda a la línea de comandos del conmutador mediante la consola, telnet o ssh e inicie una sesión con un usuario que tenga privilegios administrativos.

Si aplicable a su modelo de conmutador, introduzca el comando _*cmdline-mode* para acceder a la línea de comandos secreta.

```
# _cmdline-mode on
```

Utilice el comando *system-view* para entrar en el modo de configuración.

```
# system-view
```

Utilice los siguientes comandos para crear una vlan.

```
# vlan 30
# description VOIP
# quit
```

Utilice el siguiente comando para verificar la configuración.

```
# display vlan
```

Utilice el comando *save* para guardar la configuración.

```
# save
```

Para eliminar una vlan, accede al modo de configuración y utilice el siguiente comando.

```
# undo vlan 30
```

Configuración de la Vlan de Voz

Después de una reunión con las partes interesadas acerca de la topología de la red, se decidió que para cada empleado, solamente un único puerto del conmutador debe estar disponible, por lo tanto, si un empleado necesita tener dos dispositivos conectados a la red, estos dispositivos tendrán que compartir el mismo puerto del switch.

Si necesita compartir un puerto físico, el teléfono necesita ser conectado directamente al puerto del switch mientras que el ordenador de sobremesa necesita ser conectado a una interfaz de red adicional del teléfono.

Es importante destacar que un teléfono VoIP normalmente tiene dos interfaces de red, por lo tanto, la interfaz externa debe ser conectada al puerto del conmutador, mientras que la interfaz interna debe ser conectada a un ordenador.

El puerto del switch necesita ser configurado como un tronco para ser capaz de transmitir paquetes de dos vlans, que son las vlans de VoIP y de ordenadores de sobremesa.

En nuestro ejemplo, un puerto del switch será configurado como un tronco para conectar un teléfono y un ordenador a la red.

Tenga en cuenta que cada dispositivo tendrá que ser asociado a la vlan correcta de forma automática, por lo tanto, los teléfonos deben ser vinculados a la vlan 30, mientras que los ordenadores de sobremesa deben ser asociados a la vlan 20.

Para configurar la vlan de forma automática, el switch y el teléfono deben ser compatibles con el *protocolo lldp*.

Para habilitar el soporte del protocolo lldp en un teléfono VoIP, acceda al menú de configuración del teléfono y active el protocolo de acuerdo con las instrucciones que figuran en el *manual del dispositivo*.

Para habilitar el soporte del protocolo lldp en un switch, acceda a la interfaz web, seleccione el menú *Network* y haga clic en la opción *LLDP* para ser enviado a la página de configuración.

Para habilitar el soporte del protocolo lldp, acceda a la ficha *Global Setup*, seleccione la opción *Enable* en el cuadro combinado llamado *LLDP Enable* y haga clic en el botón *Apply*.

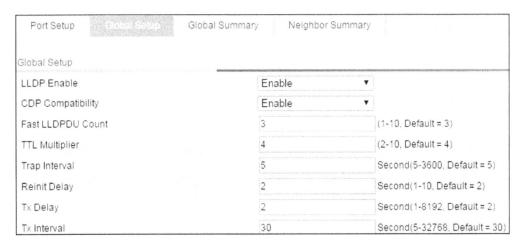

Después de habilitar el protocolo lldp en ambos dispositivos, acceda a la ficha *Neighbor Summary* y compruebe si el teléfono fue detectado por el conmutador a través del protocolo lldp.

En nuestro ejemplo, el switch detectó un teléfono conectado al puerto 17 con la dirección MAC 0004-F24E-21b9.

Después de finalizar la configuración lldp, seleccione el menú *Network* y haga clic en la opción *VLAN* para ser enviado a la página de gestión de vlans.

Para configurar un puerto del switch en modo de tronco, acceda a la ficha *Modify Port*, seleccione el puerto que desee, seleccione la casilla *Link Type*, seleccione la opción *Trunk* en el cuadro combinado y haga clic en el botón *Apply*.

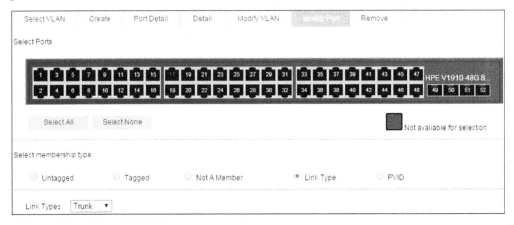

Este puerto tiene que ser capaz de transferir el tráfico de dos vlans, por lo tanto, el puerto debe ser configurado en modo de enlace troncal.

Como próximo paso, tenemos que autorizar el tráfico de la vlan de ordenadores de sobremesa a través del puerto del switch de manera transparente, por lo tanto, seleccione el puerto deseado, seleccione la casilla de opción *Untagged*, introduzca el número de identificación de la vlan de ordenadores de sobremesa y haga clic en el botón *Apply*.

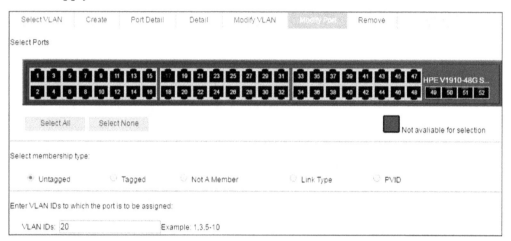

En nuestro ejemplo, el puerto 17 fue configurado en modo de enlace troncal, el tráfico de la vlan 20 fue autorizado a través del puerto y la vlan 20 fue configurada como la vlan por defecto de este tronco.

Si el switch recibe un paquete sin una identificación de vlan en el puerto 17, el dispositivo *asumirá automáticamente* que este paquete es miembro de la vlan por defecto 20.

Ahora no es necesario añadir la vlan de voz como una de las vlans permitidas en el tronco porque esta configuración se hará más adelante.

Después de finalizar la configuración del tronco, acceda al menú *Network* y haga clic en la opción *Voice VLAN* para ser enviado a la pantalla de configuración de la vlan de voz.

Acceda a la ficha *Setup* y desactive la función llamada *Voice VLAN Security*.

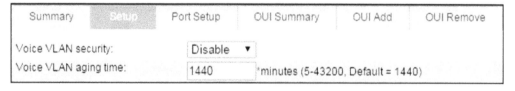

Acceda a la ficha *Port Setup*, seleccione el puerto deseado, seleccione la opción *Auto* en el cuadro combinado llamado *Voice Vlan port mode*, selecciona la opción *Enable* en el cuadro combinado llamado *Voice Vlan port state*, introduzca el número de identificación de la vlan de voz y haga clic en el botón *Apply*.

Summary	Setup	Port Setup	OUI Summary	OUI Add	OUI Remove

Voice VLAN port mode: Auto ▼
Voice VLAN port state: Enable ▼
Voice VLAN ID: 30 *(2-4094)
Items marked with an asterisk(*) are required

Select ports:

HPE V1910-48G S...

Select All   Select None

Ports selected for voice VLAN:
GE1/0/17

Después de terminar esta tarea, la vlan de voz se añadirá a la lista de vlans permitidas a través del tronco.

Como último paso, tenemos que añadir la dirección OUI del teléfono en el switch para *asignar automáticamente* el teléfono a la vlan de voz a través del protocolo lldp.

Si no se añade la dirección OUI del teléfono al switch, el administrador de la red tendrá que hacer la configuración de vlan en todos los teléfonos manualmente.

OUI son los seis primeros dígitos de la dirección MAC de un dispositivo y se utiliza para identificar el *fabricante del dispositivo*; esta información se puede ver en la ficha *Neighbor Summary* del menú *LLDP*.

En nuestro ejemplo, el conmutador detectó un teléfono usando la dirección MAC *0004-F24E-21b9* conectado al puerto 17, por lo tanto, la dirección OUI del teléfono es *0004f2*.

Después de conseguir la dirección OUI, acceda a la ficha *OUI Add*, haga clic en el botón *Add*, introduzca la dirección OUI del teléfono, la máscara *ffff-ff00-0000* y una descripción sencilla.

Summary	Setup	Port Setup	OUI Summary	OUI Add	OUI Remove

Specify an OUI and click Apply to add it to the list. There can be 128 entries at most.
OUI Address: 0004-f200-0000 *(Example: 0010-dc28-a4e9)
Mask: FFFF-FF00-0000 ▼
Description: POLYCOM PHONE Chars. (1-30)

En nuestro ejemplo, el administrador de la red ha añadido la dirección OUI *0004-f2000000* con la máscara *FFFF-FF00-0000* y la descripción *Polycom phone*.

En nuestro ejemplo, el puerto 17 fue configurado modo de enlace troncal y se permitió el tráfico de las vlans 20 y 30.

Para comprobar la configuración, acceda a la ficha **Summary** y verifica si la información que se muestra es correcta.

Summary	Setup	Port Setup	OUI Summary	OUI Add	OUI Remove

Voice VLAN security:	Disabled
Voice VLAN aging time:	1440 minutes
Maximum of voice VLANs:	1
Current number of voice VLANs:	1

Ports enabled for voice VLAN:

Port Name	Voice VLAN ID	Mode
GigabitEthernet1/0/17	100	Auto

After finishing the voice vlan setup, asegúrese de guardar la configuración haciendo clic en la opción **Save** disponible en la parte superior derecha de la pantalla.

Algunos lectores prefieren utilizar la línea de comandos en vez de la interfaz web, por lo tanto, también vamos a demostrar cómo configurar una vlan de voz utilizando la línea de comandos.

Acceda a la línea de comandos del conmutador mediante la consola, telnet o ssh e inicie una sesión con un usuario que tenga privilegios administrativos.

Si aplicable a su modelo de conmutador, introduzca el comando **_cmdline-mode** para acceder a la línea de comandos secreta.

```
# _cmdline-mode on
```

Utilice el comando **system-view** para entrar en el modo de configuración.

```
# system-view
```

Habilita el protocolo lldp y opcionalmente el modo de compatibilidad del protocolo cdp.

```
# lldp enable
# lldp compliance cdp
```

Como requisito, el teléfono debe tener activado el protocolo lldp, por lo tanto, acceda al menú de configuración del teléfono y active el protocolo siguiendo las instrucciones que figuran en el manual del dispositivo.

Después de habilitar el protocolo lldp en ambos dispositivos, utilice el comando siguiente para comprobar si el teléfono fue detectado por el conmutador a través del protocolo lldp.

```
# display lldp neighbor-information interface GigabitEthernet1/0/17 brief
```

En nuestro ejemplo, el switch detectó un teléfono conectado al puerto 17 con la dirección MAC 0004-F24E-21b9.

```
LLDP neighbor-information of port 17[GigabitEthernet1/0/17]:
  Neighbor 4:
  PortID/subtype    : 0004-f24e-21b9/MAC address
  Capabilities      : Bridge,Telephone
```

Después de conseguir la dirección MAC del teléfono del teléfono, agregue la dirección OUI utilizando la máscara ffff-ff00-0000 y una descripción en el conmutador.

```
# voice vlan mac-address 0004-f200-0000 mask ffff-ff00-0000 description POLYCOM P
HONE
```

El comando anterior permite la configuración automática de vlan para todos los telefonos que tengan la dirección MAC comenzando con 0004-f2.

Desactive el modo de seguridad de vlan de voz.

```
# undo voice vlan security enable
```

Configura el puerto del switch en modo de tronco y configura la vlan de los ordenadores de escritorio como la vlan por defecto.

```
# interface GigabitEthernet1/0/17
# port link-type trunk
# port trunk pvid vlan 20
# port trunk permit vlan 20
```

Habilite la función vlan de voz y configure la identificación de la vlan.

```
# interface GigabitEthernet1/0/17
# voice vlan 30 enable
```

Utilice los siguiente comandos para verificar la configuración.

```
# display voice vlan oui
# display voice vlan state
```

Utilice el comando *save* para guardar la configuración.

```
# save
```

Para eliminar la configuración de vlan de voz, accede al modo de configuración y utilice el siguiente comando.

```
# interface GigabitEthernet1/0/17
# undo voice vlan enable
```

Conclusión

Este capítulo enseñó a través de ejemplos prácticos cómo crear y administrar una vlan de voz para ayudar al administrador de la red a mejorar su control sobre la red y el desempeño de los paquetes de voz.

Durante todo este capítulo, fuimos capaces de seguir a Luke mientras configuraba un conmutador para cumplirse los siguientes requisitos del proyecto enumerados en el documento denominado ***Requisitos de la nueva red***.

• Los teléfonos deben ser aislados en una vlan exclusiva
• Los teléfonos deben recibir la dirección IP de un servidor Dhcp
Al final de este capítulo, el lector debe ser capaz de crear una vlan de voz y configurar la comunicación entre el switch y un teléfono utilizando un tronco.

El siguiente vídeo fue publicado en nuestro canal de Youtube para mostrarle cómo utilizar las técnicas presentadas en este capítulo y mejorar su curva de aprendizaje:

• HP Switch – Configurar una Vlan de voz

– Capítulo 08 –

DESEMPEÑO Y REDUNDANCIA

Después de terminar la configuración del núcleo de los conmutadores de red, Luke decidió mejorar el desempeño y la redundancia entre dispositivos a través del uso de la agregación de enlaces.

Agregación de enlaces es un término genérico que define la agrupación lógica de dos o más interfaces de red física para proporcionar redundancia de red y mejorar el desempeño mediante la combinación de la anchura de banda de múltiples interfaces.

Como ejemplo de rendimiento, la agrupación de dos interfaces de red Gigabit en un switch crearía una interfaz virtual con el ancho de banda acumulado de 2 gigabytes.

Como un ejemplo de la redundancia, la interfaz virtual seguirá funcionando aunque una de las interfaces físicas deje de funcionar.

Este capítulo le enseñará cómo realizar configuraciones de agregación de enlace a través de un enfoque paso a paso.

A lo largo de este capítulo, se presentarán las siguientes tareas relacionadas con la ejecución del proyecto de la red:

• Cómo configurar la agregación de enlaces en modo del tronco
• Cómo configurar la agregación de enlaces en modo de acceso

Todas las lecciones incluidas en este capítulo se presentarán de manera práctica utilizando el punto de vista de Luke durante la ejecución de su proyecto.

Agregación de Enlaces – Modo Tronco

Después de analizar los requisitos del proyecto de red, se decidió que cualquier conexión troncal entre switches debe utilizar enlaces agregados para mejorar el desempeño y ofrecer redundancia de red.

En nuestro ejemplo, el administrador de la red va a configurar la comunicación entre dos conmutadores utilizando la agregación de enlaces en el modo tronco.

Acceda a la interfaz web, seleccione el menú *Network* y haga clic en la opción *Link Aggregation* para ser enviado a la página de administración de las agregaciones de enlaces.

Para crear una nueva agregación de enlaces, seleccione la ficha *Create*, introduzca un identificador numérico para la interfaz virtual, seleccione la opción *Dynamic* para permitir la utilización del protocolo lacp, seleccione los puertos del switch que deben ser miembros de este grupo y haga clic en el botón *Apply*.

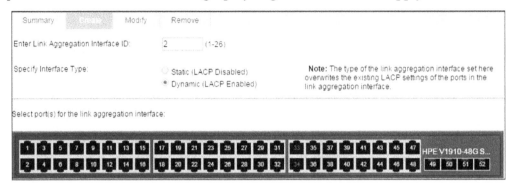

Después de hacer clic en el botón *Apply*, el conmutador creará una nueva interfaz de agregación de enlaces utilizando el número de grupo introducido como su número de identificación. En nuestro ejemplo, la interfaz virtual *Bridge-Aggregation2* fue creada con los puertos de switch *33 y 34*, como sus miembros.

Después de terminar su creación, el administrador de red debe configurar la interfaz virtual como cualquier otra interfaz, por lo tanto, acceda al menú *Network* y haga clic en la opción *VLAN* para ser enviado a la página de gestión de vlans.

Para configurar una interfaz virtual del switch en modo de tronco, acceda a la ficha *Modify Port*, seleccione la interfaz virtual que desee, seleccione la casilla *Link Type*, seleccione la opción *Trunk* en el cuadro combinado y haga clic en el botón *Apply*.

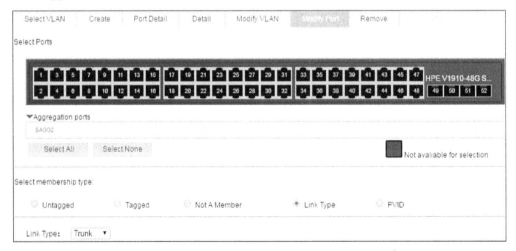

El tipo de enlace *trunk* especifica que un puerto es capaz de enviar y recibir tráfico de varias vlans, generalmente, este modo se utiliza para conectar dos switches y permitir la comunicación entre los dispositivos que se encuentran en la misma VLAN, pero están conectados físicamente a diferentes switches.

Después de que la interfaz virtual del conmutador fue configurada como un tronco, aún tenemos que realizar dos tareas de configuración adicionales para completar la configuración.

En primer lugar, el administrador de red necesita configurar una lista de las vlans que pueden pasar a través de esta interfaz virtual del conmutador, por lo tanto, seleccione la interfaz virtual deseada, seleccione la casilla *Tagged*, introduzca el número de identificación de las vlans autorizadas separadas por comas y haga clic en el botón *Apply*.

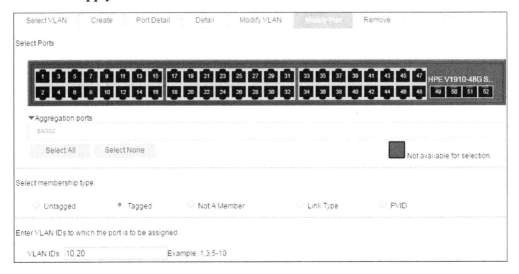

En segundo lugar, el administrador de red debe configurar una vlan por defecto para el tronco, por lo tanto, seleccione la interfaz virtual deseada, seleccione la casilla *Untagged*, introduzca el número de identificación de la vlan deseada y haga clic en el botón *Apply*.

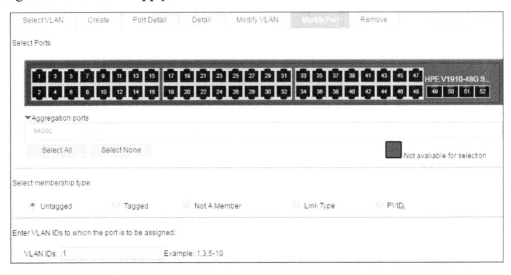

En nuestro ejemplo, la interfaz virtual **bagg2** fue configurada en modo de troncal, el tráfico de las vlans 1, 10 y 20 fueron autorizados, mientras la vlan 1 fue configurada como la vlan por defecto para este tronco.

Para comprobar la configuración, acceda a la ficha ***Port Detail***, seleccione la interfaz virtual deseada y verifica si la información que se muestra es correcta.

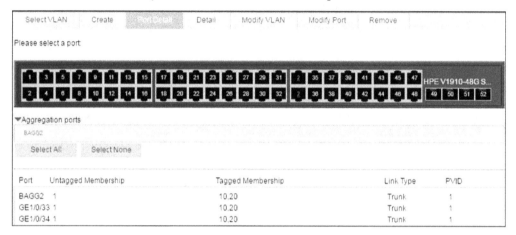

Es importante destacar que, toda la configuración hecha a la interfaz virtual se replicará automáticamente a los puertos de switch que son miembros del grupo.

Después de conectar físicamente los switches, acceda al menú ***Network***, haga clic en la opción ***Link aggregation***, seleccione la ficha ***Summary*** y compruebe el estado de su agregación de enlaces.

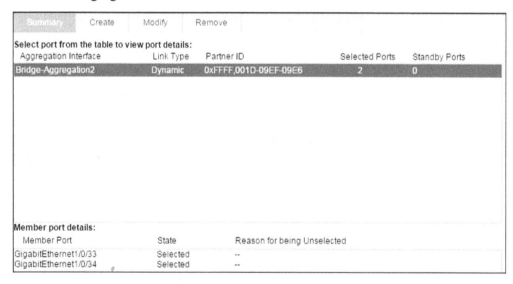

Por razones de seguridad, la conexión física entre dos conmutadores de red debe ser realizada solamente después de ambos switches se han configurado para utilizar la agregación de enlaces.

Después de terminar la configuración de agregación de enlaces, asegúrese de guardar la configuración haciendo clic en la opción *Save* disponible en la parte superior derecha de la pantalla.

Algunos lectores prefieren utilizar la línea de comandos en vez de la interfaz web, por lo tanto, también vamos a demostrar cómo configurar una agrupación de enlaces en modo troncal utilizando la línea de comandos.

Acceda a la línea de comandos del conmutador mediante la consola, telnet o ssh e inicie una sesión con un usuario que tenga privilegios administrativos.

Si aplicable a su modelo de conmutador, introduzca el comando *_cmdline-mode* para acceder a la línea de comandos secreta.

```
# _cmdline-mode on
```

Utilice el comando *system-view* para entrar en el modo de configuración.

```
# system-view
```

Críe una interfaz de agregación de enlaces y configure el modo dinámico para permitir el uso del protocolo lcap.

```
# interface Bridge-Aggregation2
# link-aggregation mode dynamic
# quit
```

Configurar los puertos de switch 33 y 34 como miembros de la interfaz virtual Bridge-Aggregation2.

```
# interface GigabitEthernet1/0/33
# port link-aggregation group 2

# interface GigabitEthernet1/0/34
# port link-aggregation group 2
```

Configure la interfaz de agregación de enlaces en modo del tronco, configure la vlan 1 como la vlan por defecto y permita el tráfico de las vlans 1, 10 y 20.

```
# interface Bridge-Aggregation2
# port link-type trunk
# port trunk pvid vlan 1
# port trunk permit vlan 1 10 20
```

Utilice el siguiente comando para verificar la configuración.

```
# display link-aggregation verbose
```

Utilice el comando *save* para guardar la configuración.

```
# save
```

Para eliminar una configuración de agregación de enlace, accede al modo de configuración y utilice el siguiente comando.

```
# undo interface Bridge-Aggregation 2
```

Agregación de Enlaces – Modo de Acceso

Después de terminar un breve análisis de riesgo, se decidió que el servidor de archivos debe tener una conexión de red redundante para evitar la paralización del servicio que podría llevar a un alto impacto financiero.

El servidor de archivos que ejecuta Windows 2012 se conectará a la red mediante la agregación de enlaces en modo de acceso.

Acceda a la interfaz web, seleccione el menú *Network* y haga clic en la opción *Link Aggregation* para ser enviado a la página de administración de las agregaciones de enlaces.

Para crear una nueva agregación de enlaces, seleccione la ficha *Create*, introduzca un identificador numérico para la interfaz virtual, seleccione la opción *Dynamic* para permitir la utilización del protocolo lacp, seleccione los puertos del switch que deben ser miembros de este grupo y haga clic en el botón *Apply*.

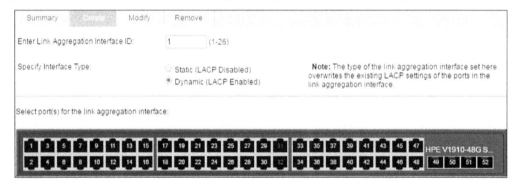

Después de hacer clic en el botón *Apply*, el conmutador creará una nueva interfaz de agregación de enlaces utilizando el número de grupo introducido como su número de identificación. En nuestro ejemplo, la interfaz virtual *Bridge-Aggregation1* fue creada con los puertos de switch *31 y 32*, como sus miembros.

Después de terminar su creación, el administrador de red debe configurar la interfaz virtual como cualquier otra interfaz, por lo tanto, acceda al menú *Network* y haga clic en la opción *VLAN* para ser enviado a la página de gestión de vlans.

Para configurar una interfaz virtual del switch en modo de acceso, acceda a la ficha *Modify Port*, seleccione la interfaz virtual que desee, seleccione la casilla *Link Type*, seleccione la opción *Access* en el cuadro combinado y haga clic en el botón *Apply*.

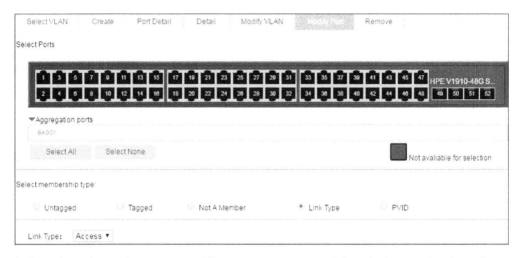

El tipo de enlace *Access* especifica que un puerto del switch es miembro de una única vlan, por lo tanto, todos los dispositivos conectados a este puerto se asocian automáticamente a la vlan sin necesidad de configuración adicional en el dispositivo final.

Una vez realizada la configuración del tipo de enlace, el administrador de red tiene que asociar la interfaz virtual con una vlan específica, por lo tanto, seleccione la interfaz virtual deseada, seleccione la casilla *Untagged*, introduzca el número de una vlan y haga clic en el botón *Apply*.

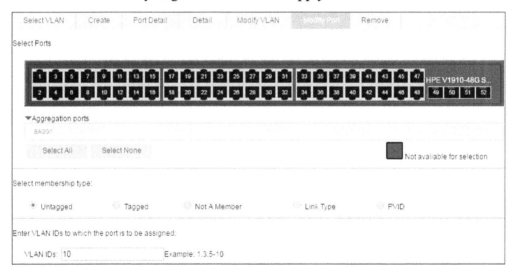

En nuestro ejemplo, la interfaz virtuale *bagg1* fue configurado en modo de *acceso* y como miembro de la *vlan 10*, por lo tanto, cualquier dispositivo conectado a esta interfaz virtual será un miembro de la vlan de servidores.

Para comprobar la configuración, acceda a la ficha *Port Detail*, seleccione la interfaz virtual deseada y verifica si la información que se muestra es correcta.

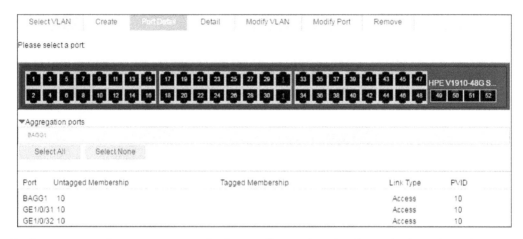

Es importante destacar que, toda la configuración hecha a la interfaz virtual se replicará automáticamente a los puertos de switch que son miembros del grupo.

Después de conectar físicamente el switch y el servidor de archivos, acceda al menú *Network*, haga clic en la opción *Link aggregation*, seleccione la ficha *Summary* y compruebe el estado de su agregación de enlaces.

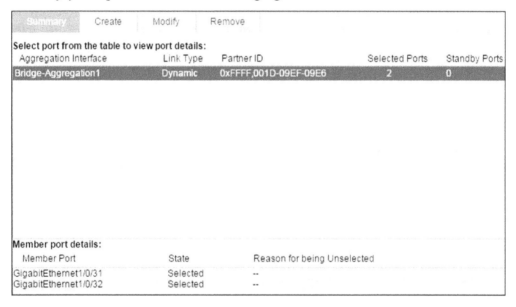

Por razones de seguridad, la conexión física entre el switch y el servidor de archivos debe ser realizada solamente después de ambos dispositivos se han configurado para utilizar la agregación de enlaces.

Al final de este capítulo, habrá un procedimiento paso a paso que muestra cómo configurar una agregación de enlaces en un equipo que ejecute Windows 2012.

Después de terminar la configuración de agregación de enlaces, asegúrese de guardar la configuración haciendo clic en la opción *Save* disponible en la parte superior derecha de la pantalla.

Algunos lectores prefieren utilizar la línea de comandos en vez de la interfaz web, por lo tanto, también vamos a demostrar cómo configurar una agregación de enlaces en modo de acceso utilizando la línea de comandos.

Acceda a la línea de comandos del conmutador mediante la consola, telnet o ssh e inicie una sesión con un usuario que tenga privilegios administrativos.

Si aplicable a su modelo de conmutador, introduzca el comando *_cmdline-mode* para acceder a la línea de comandos secreta.

```
# _cmdline-mode on
```

Utilice el comando *system-view* para entrar en el modo de configuración.

```
# system-view
```

Críe una interfaz de agregación de enlaces y configure el modo dinámico para permitir el uso del protocolo lcap.

```
# interface Bridge-Aggregation1
# link-aggregation mode dynamic
# quit
```

Configure los puertos de switch 31 y 32 como miembros de la interfaz virtual Bridge-Aggregation1.

```
# interface GigabitEthernet1/0/31
# port link-aggregation group 1

# interface GigabitEthernet1/0/32
# port link-aggregation group 1
```

Configure la interfaz de agregación de enlaces en modo de acceso y como miembro de una vlan existente.

```
# interface Bridge-Aggregation1
# port link-type access
# port access vlan 10
```

Utilice el siguiente comando para verificar la configuración.

```
# display link-aggregation verbose
```

Utilice el comando *save* para guardar la configuración.

```
# save
```

Para eliminar una configuración de agregación de enlace, accede al modo de configuración y utilice el siguiente comando.

```
# undo interface Bridge-Aggregation 1
```

Agregación de Enlaces – Windows 2012

Después de terminar un breve análisis de riesgo, se decidió que el servidor de archivos debe tener una conexión de red redundante para evitar la paralización del servicio que podría llevar a un alto impacto financiero.

Abra la herramienta administrativa llamada *Administrador del servidor* para instalar la función de agregación de enlaces requerida.

Después de abrir el Administrador de servidores, seleccione el menú *Servidor local*, disponible en la parte izquierda de la pantalla y haga clic en la opción *Formación de Equipos de NIC*.

En la ventana de *Formación de Equipos de NIC*, busque la configuración de los equipos en la parte inferior izquierda de la pantalla, seleccione el menú *Tareas* y haga clic en la opción *Nuevo equipo*.

Introduzca un *nombre de identificación* para la interfaz de agregación de enlace virtual, elija qué interfaces físicas deben ser miembros de este equipo, expanda la opción de *propiedades adicionales*, seleccione el modo de formación de equipos *Lacp* y el modo de equilibrio de carga *Dinámico*.

Después de terminar el proceso de creación del equipo, una nueva interfaz de red virtual estará disponible en el servidor usando el nombre de identificación especificado.

Por razones de seguridad, la conexión física entre el switch y el servidor de archivos debe ser realizada solamente después de ambos dispositivos se han configurado para utilizar la agregación de enlaces.

Conclusión

Este capítulo enseñó a través de ejemplos prácticos cómo configurar la agregación de enlaces para ayudar al administrador de la red lograr un mejor desempeño de la red y añadir un nivel de redundancia.

Durante todo este capítulo, fuimos capaces de seguir a Luke mientras configuraba un conmutador para cumplirse los siguientes requisitos del proyecto enumerados en el documento denominado ***Requisitos de la nueva red***.

• La conexión entre los conmutadores debe ser redundante
• La conexión entre el switch y el servidor de archivos debe ser redundante

Al final de este capítulo, el lector debe ser capaz de configurar una agregación de enlaces en un switch para mejorar su red.

El siguiente vídeo fue publicado en nuestro canal de Youtube para mostrarle cómo utilizar las técnicas presentadas en este capítulo y mejorar su curva de aprendizaje:

• HP Switch – Configurar la agregación de enlaces

– Capítulo 09 –

AUTENTICACIÓN CENTRALIZADA

Para mejorar la gestión de acceso a los conmutadores Luke decidió integrar la autenticación de acceso remoto con el Active directory de la empresa mediante el uso de un servidor Radius.

El protocolo Radius utiliza una arquitectura cliente-servidor para permitir a un servidor radius autenticar usuarios remotos intentando acceder a un dispositivo cliente, tal como un switch.

El uso de radius permite a una empresa almacenar las cuentas de usuario y contraseñas en una base de datos central, como el Active Directory en lugar de almacenar esta información de forma local en cada uno de los switches.

Este capítulo enseñara cómo realizar la configuración de un conmutador para utilizar la autenticación radius a través de un enfoque paso a paso.

A lo largo de este capítulo, se presentarán las siguientes tareas relacionadas con la ejecución del proyecto de la red:

• Cómo configurar un servidor Radius
• Cómo configurar la autenticación Radius

Todas las lecciones incluidas en este capítulo se presentarán de manera práctica utilizando el punto de vista de Luke durante la ejecución de su proyecto.

Guía Paso a Paso

El proceso de autenticación radius es complejo y requiere toda la atención del administrador de red para entender y llevar a cabo los muchos pasos necesarios.

Como primer paso, el administrador de red debe crear dos grupos de usuarios que ofrecerán diferentes niveles de acceso a los switches.

Como segundo paso, el administrador de red necesita de realizar la instalación de un servidor Radius en un ordenador que será responsable del proceso de autenticación de acceso remoto.

Como tercer paso, el administrador de red tiene que registrar a todos los switches como dispositivos cliente del servidor radius y llevar a cabo la creación de las políticas de autenticación.

Como el cuarto y último paso, el administrador de red necesita configurar los switches para redireccionar su proceso de autenticación remota al servidor Radius.

Creación de Grupo de Usuarios

Después de una breve planificación, se decidió que dos grupos de usuarios deben existir y ofrecer diferentes niveles de acceso a sus miembros que son esencialmente los analistas del equipo de tecnología de la información.

En nuestro ejemplo, los miembros del grupo *fkit-admin* deben tener todos los permisos administrativos disponibles en los conmutadores mientras que los miembros del grupo de usuarios *fkit-users* deben ser capaces de acceder al dispositivo con permisos de sólo lectura.

Para crear los grupos de usuario necesarios, acceda al controlador de dominio y abra la herramienta administrativa denominada *Usuarios y equipos de Active Directory*.

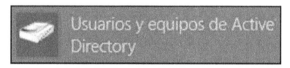

En la pantalla de administración de Active Directory, haga un clic derecho en la unidad organizativa llamada *Users*, seleccione el menú *Nuevo* y haga clic en la opción *Grupo*.

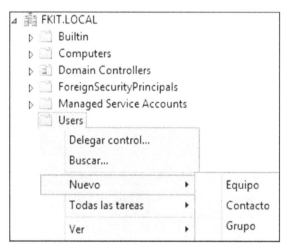

En la pantalla de creación de grupo, introduzca un nombre de identificación para el grupo que va a tener permiso administrativo sobre los conmutadores y haga clic en el botón *Aceptar*.

Nombre de grupo:

fkit-admin

Nombre de grupo (anterior a Windows 2000):

fkit-admin

Ámbito de grupo

○ Dominio local

◉ Global

○ Universal

Tipo de grupo

◉ Seguridad

○ Distribución

Acceda las propiedades del grupo, seleccione la ficha *Miembros*, agregue los usuarios que deben tener permiso administrativo sobre los conmutadores y haga clic en el botón *Aceptar*.

| General | Miembros | Miembro de | Administrado por |

Miembros:

Nombre	Carpeta de los Servicios de dor
👤 Luke S.	FKIT.LOCAL/Users

Después de finalizar la configuración del grupo administrativo, cree un nuevo grupo que recibirá permiso de sólo lectura en los conmutadores.

Nombre de grupo:

fkit-users

Nombre de grupo (anterior a Windows 2000):

fkit-users

Ámbito de grupo

○ Dominio local

● Global

○ Universal

Tipo de grupo

● Seguridad

○ Distribución

Acceda las propiedades del grupo, seleccione la ficha *Miembros*, agregue los usuarios que deben tener un permiso de sólo lectura en los conmutadores y haga clic en el botón *Aceptar*.

General	Miembros	Miembro de	Administrado por

Miembros:

Nombre	Carpeta de los Servicios de dominio
Bill C	FKIT.LOCAL/Users
Leia S.	FKIT.LOCAL/Users

En nuestro ejemplo, el administrador de la red ha creado dos grupos. El primer grupo, llamado *fkit-admins*, recibirá el nivel máximo administrativo de acceso y el segundo grupo, llamado *fkit-users*, recibirá el nivel de acceso de sólo lectura.

Instalación del Servidor Radius

El servidor Radius recibirá el nombre de usuario y la contraseña introducida por el usuario para validar la autenticación y establecer el nivel de autorización.

Para instalar un servidor Radius, acceda un ordenador con Windows 2012 y abra la herramienta administrativa denominada *Administrador del servidor.*

En la pantalla del administrador de servidor, abra el menú *Administrar* y seleccione la opción *Agregar roles y características*.

Administrar   Herramientas   Ver   Ayuda

Agregar roles y características

Quitar roles y funciones

En la pantalla del asistente, haga clic en el botón *Siguiente* hasta que aparezca la pantalla *Seleccionar Roles de servidor*.

En la pantalla Seleccionar roles de servidor, selecciona la opción *Servicios de acceso y directivas de redes*, como se muestra.

Seleccionar roles de servidor

Antes de comenzar   Seleccione uno o varios roles para instalarlos en el servidor

Tipo de instalación   Roles

Selección de servidor

Roles de servidor   ☐ Acceso remoto
                              ☐ Active Directory Lightweight Directory Services
Características   ☐ Active Directory Rights Management Services
                              ☐ Experiencia con Windows Server Essentials
Servicios de acceso y dire... ☐ Hyper-V
    Servicios de rol   ☑ Servicios de acceso y directivas de redes
Confirmación

En la pantalla siguiente, haga clic en el botón *Agregar características* y continúe hasta que termine la instalación.

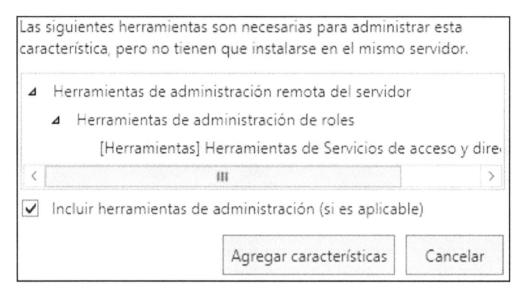

En nuestro ejemplo, el administrador de la red hizo la instalación del servicio de autenticación Radius en un ordenador con Windows 2012.

Configuración del Servidor Radius

Después de terminar la instalación del servidor radius, el administrador de red necesita crear un par de políticas de acceso, por lo tanto, acceda al servidor radius y abra la herramienta administrativa denominada *Servidor de directivas de redes*.

En la pantalla del servidor de directivas de red, haga un clic derecho en *NPS(LOCAL)* y seleccione la opción *Registrar servidor en Active Directory* para autorizar este equipo como un servidor Radius.

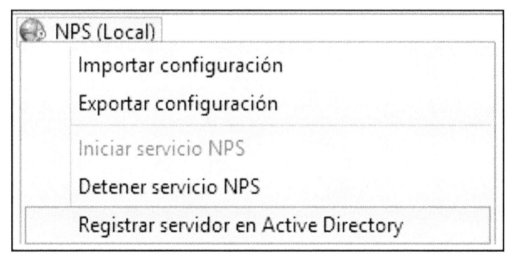

Después de confirmar la decisión de autorizar el ordenador como un servidor Radius, este ordenador se añadirá como un miembro del grupo *Servidores RAS e IAS*.

Como próximo paso, el administrador de red necesita añadir los conmutadores como clientes del servidor radius, por lo tanto, expanda la carpeta *Clientes y servidores radius*, haga un clic derecho en *Clientes radius* y seleccione la opción *Nuevo*.

Durante la instalación de un nuevo cliente, el administrador de la red tendrá que configurar un *nombre de identificación* para el switch, la *dirección IP* del switch y un *secreto compartido* utilizado para autenticar la comunicación entre el servidor radius y el switch.

En nuestro ejemplo, el administrador de la red ha creado un nuevo cliente radius llamado *fkit-sw01*, utilizando la dirección *192.168.1.11* y el secreto compartido *kamisama123@*.

Como próximo paso, el administrador de red necesita crear una política de acceso a los switches, por lo tanto, expanda la carpeta de *Directivas*, haga un clic derecho sobre las *Directivas de red* y seleccione la opción *Nuevo*.

Durante la configuración de una directiva de red, el administrador de red necesita establecer el nombre de la política, las condiciones de acceso y los parámetros adicionales exclusivos para esta marca de conmutadores.

En la pantalla inicial, introduzca un nombre de identificación para la política y haga clic en el botón *Siguiente*.

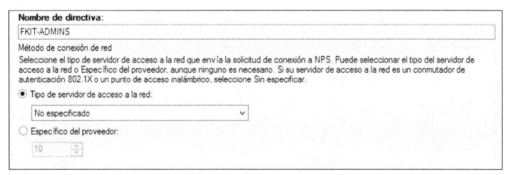

En la pantalla de condiciones, haga clic en el botón *Agregar*, seleccione la opción de *Grupos de Windows* y agregue un grupo que debe tener el permiso administrativo sobre los conmutadores de red.

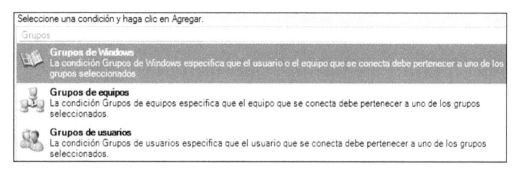

Después de finalizar la configuración, asegúrese de revisar el resumen de las condiciones antes de hacer clic en el botón *Siguiente*.

En la pantalla siguiente, el administrador de la red debe seleccionar la opción *Acceso concedido* para autorizar el acceso a los conmutadores para cualquier usuario que cumpla las condiciones establecidas en esta política.

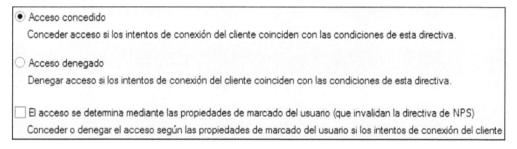

En nuestro ejemplo, el administrador de la red decidió conceder acceso a los miembros del grupo llamado *fkit-admin*.

En la pantalla siguiente, el administrador de red debe configurar una lista de protocolos de autenticación aceptables en la comunicación entre el servidor RADIUS y los conmutadores, por lo tanto, seleccione la opción *PAP* y haga clic en el botón *Siguiente*.

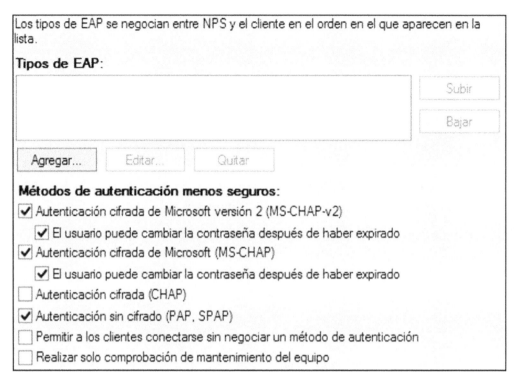

Si aparece la siguiente pantalla ofreciendo acceso al archivo de ayuda, haga clic en el botón *No* y continúe con la configuración.

 Seleccionó uno o más métodos de autenticación no seguros. Para asegurarse de que cada protocolo esté correctamente configurado para el acceso remoto, la directiva y el dominio, siga los procedimientos paso a paso de la Ayuda.

¿Desea ver el tema de Ayuda correspondiente?

En la pantalla de restricciones, haga clic en el botón *Siguiente* y continúe con la configuración.

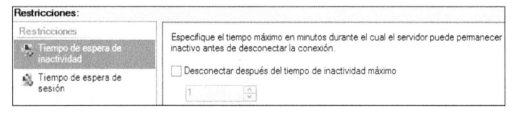

En la pantalla de opciones, quite los atributos llamados *Framed-Protocol* y *Service-Type*.

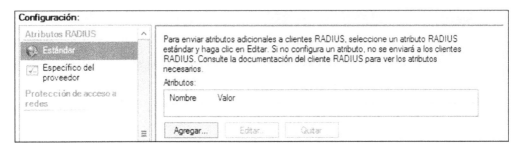

Después de quitar los atributos, haga clic en el botón *Agregar*, seleccione la opción *Todo* en el primer cuadro combinado, seleccione el atributo llamado *Service-Type* y haga clic en el botón *Agregar*.

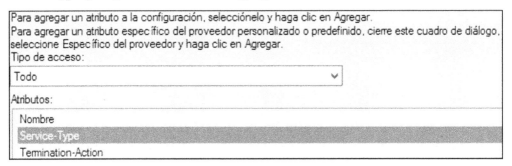

En la pantalla de información de atributos, seleccione la opción *Otros*, seleccione el atributo denominado *Login* y haga clic en el botón *Aceptar*.

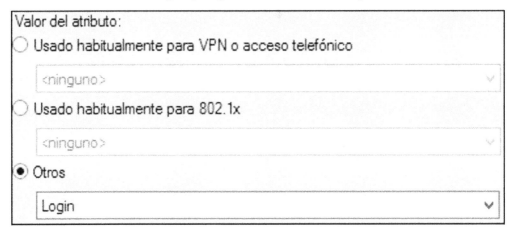

Después de finalizar la configuración, compruebe si se visualiza el atributo *Service-Type* en la pantalla.

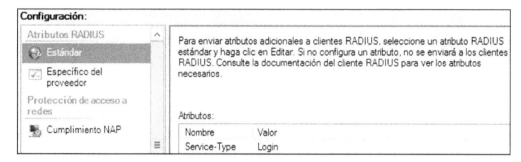

Como próximo paso, acceda a la ficha **Específicos del Proveedor**, haga clic en el botón **Agregar**, selecciona la opción **Todo** en el cuadro combinado llamado **Proveedor**, seleccione el atributo llamado **Vendor-Specific** y haga clic en el botón **Agregar**.

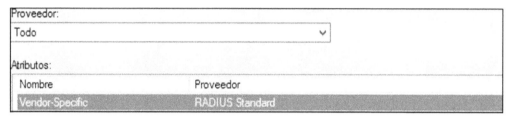

En la pantalla de información del atributo, haga clic en el botón **Agregar**.

En la pantalla de información de atributo específico del proveedor, seleccione la opción **Indicar código de proveedor**, introduzca el código **25506** para identificar el proveedor HP, seleccione la opción **Sí** y haga clic en el botón **Configurar Atributo**.

En la pantalla Configurar VSA, introduzca el atributo *29*, que identifica el nivel de permiso del usuario, seleccione el formato del atributo *Decimal*, introduzca el valor *3* para determinar el nivel de autorización máxima y haga clic en el botón *Aceptar*.

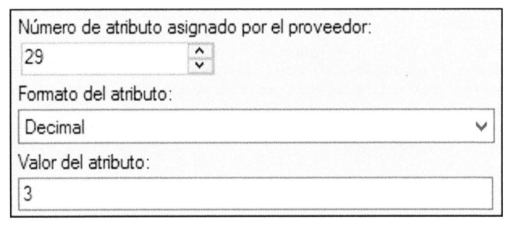

Después de finalizar la configuración, compruebe si se visualiza el atributo *Vendor-Specific* en la pantalla antes de hacer clic en el botón *Siguiente*.

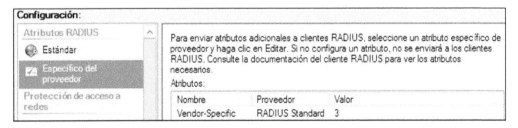

En la pantalla de resumen, compruebe las propiedades de la directiva de red y haga clic en el botón *Finalizar* para completar la instalación y activar la política.

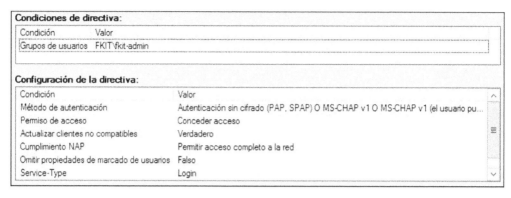

Después de terminar la configuración de la política de acceso privilegiado, el administrador de red necesita crear la directiva de acceso de sólo lectura, por lo tanto, vamos a duplicar la primera política creada.

Para duplicar una directiva existente haga clic derecho en la directiva de red creada anteriormente y seleccione la opción **Duplicar Directiva**.

Después de terminar el proceso de duplicación, una nueva política será generada utilizando las mismas propiedades de la directiva original, por lo tanto, edite la directiva duplicada haciendo un clic derecho y seleccionando la opción **Propiedades**.

En la pantalla de edición de política, cambie el nombre de *identificación de la directiva*, acceda a la ficha llamada **Condiciones** y cambie el grupo *fkit-admins* para otro grupo de usuarios que deben tener permisos de sólo lectura en los switches.

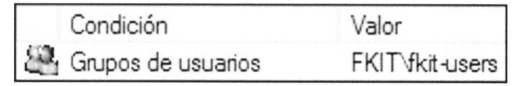

Como próximo paso, acceda a la ficha **Configuración**, seleccione el menu **Específicos del Proveedor** y cambie el valor *3* del atributo número *29 para el valor 1*, a fin de especificar un privilegio de sólo lectura a los usuarios autenticados por esta política de red y terminar el proceso de configuración de las políticas.

Después de terminar el proceso de duplicación, el administrador de red debe habilitar la nueva directiva, por lo tanto, haga un clic derecho sobre la nueva política y seleccione la opción *Habilitar*.

Tenga en cuenta que el procesamiento de las políticas se realiza en orden ascendente, por lo tanto, la política creada para los usuarios administrativos debe ser la primera y la política de sólo lectura debe aparecer en la segunda posición, como se muestra.

Nombre de directiva	Estado	Orden de procesamiento
FKIT-ADMINS	Habilitada	1
FKIT-USERS	Habilitada	2

En nuestro ejemplo, los miembros del grupo *fkit-admin* deben tener todos los permisos disponibles en los conmutadores mientras que los miembros del grupo de usuarios *fkit-users* deben ser capaces de acceder al dispositivo con permisos de sólo lectura.

Configuración de la Autenticación Radius

Después de finalizar la configuración del servidor Radius, el administrador de red necesita configurar los conmutadores para utilizar el servidor radius como el mecanismo de autenticación.

Acceda a la interfaz web, seleccione el menú Authentication y haga clic en la opción *Radius* para ser enviado a la página de *administración de Radius*.

Para añadir un servidor Radius, acceda a la ficha *Radius Server*, seleccione la opción *Authentication Server* en el cuadro combinado llamado *Server Type*, introduzca la *dirección IP del servidor radius*, selecciona la opción *Active* en el cuadro combinado llamado *Primary Server Status* y haga clic en el botón *Apply*.

Observe que es posible añadir un segundo servidor radius que se utiliza en caso de que el primer servidor no responde a una solicitud de autenticación.

RADIUS Server	RADIUS Setup	
Server Type:		Authentication Server ▼
Primary Server IP:		192.168.10.50
Primary Server UDP Port:		1812
Primary Server Status:		active ▼
Secondary Server IP:		0.0.0.0
Secondary Server UDP Port:		1812
Secondary Server Status:		block ▼

Después de añadir un servidor Radius para el switch, el administrador de la red debe ajustar los parámetros de comunicación, por lo tanto, acceda a la ficha *Radius Setup*, selecciona la opción *Extended* en el cuadro combinado llamado *Server Type*, seleccione la casilla llamada *Authentication server shared key*, Introduzca el *secreto compartido* previamente configurado en el servidor radius, seleccione la opción *without-domain* en el cuadro combinado llamado *Username Format*, introduzca la *dirección IP del servidor Radius* en el campo *Security policy server* y haga clic en el botón *Apply*.

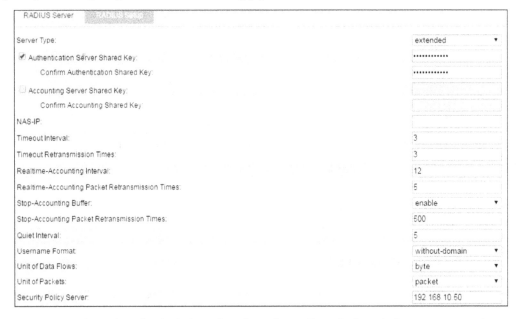

En nuestro ejemplo, el administrador de red configuró el switch para comunicarse con el servidor Radius 192.168.10.50, utilizando una versión extendida del protocolo radius y el secreto compartido kamisama123@.

Después de terminar la configuración de la comunicación, el administrador de red tiene que cambiar el dominio de autenticación del switch para utilizar el servidor Radius, por lo tanto, seleccione el menú *Authentication* autenticación y haga clic en la opción de *AAA*.

En primer lugar, acceda a la ficha *Domain Setup*, añade un nuevo nombre de dominio, selecciona la opción *Enable* para configurar este dominio como el dominio de autenticación predeterminado y haga clic en el botón *Apply*.

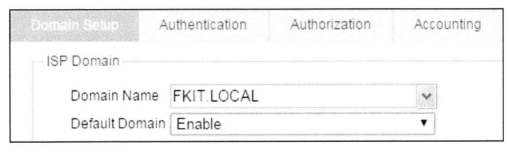

Después de terminar la configuración del dominio, acceda a la ficha *Authentication* , selecciona el ***dominio creado anteriormente***, seleccione la casilla *Login AuthN*, seleccione la opción *RADIUS*, seleccione la opción llamada *System*, configura el método de autenticación secundaria como *Local* y haga clic en el botón *Apply*.

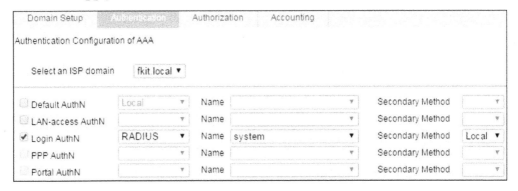

En nuestro ejemplo, el administrador de red ha creado el dominio fkit.local, también ha configurado la autenticación del conmutador para usar el servidor Radius para manejar las autenticaciónes. La autenticación local fue configurada como una solución alternativa en caso del servidor radius no respondió.

Después de finalizar la configuración de autenticación, acceda a la ficha *Authorization*, seleccione el dominio creado anteriormente, configura la casilla *Login AuthZ* de la misma manera que se hizo antes y haga clic en el botón *Apply*.

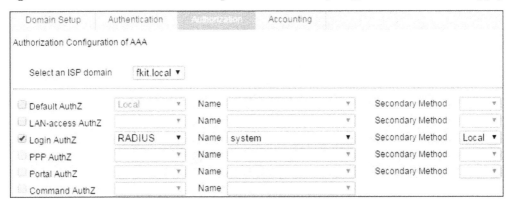

Para probar la configuración, haga clic en la opción Logout disponible en la parte superior derecha de la pantalla, intente conectarse de nuevo a la interfaz web utilizando una cuenta que sea miembro de los grupos creados anteriormente.

Después de finalizar la configuración de autenticación, asegúrese de guardar la configuración haciendo clic en la opción *Save* disponible en la parte superior derecha de la pantalla.

Algunos lectores prefieren utilizar la línea de comandos en vez de la interfaz web, por lo tanto, también vamos a demostrar cómo configurar la autenticación radius utilizando la línea de comandos.

Acceda a la línea de comandos del conmutador mediante la consola, telnet o ssh e inicie una sesión con un usuario que tenga privilegios administrativos.

Si aplicable a su modelo de conmutador, introduzca el comando *_cmdline-mode* para acceder a la línea de comandos secreta.

```
#  cmdline-mode on
```

Utilice el comando *system-view* para entrar en el modo de configuración.

```
# system-view
```

Configura un esquema de autenticación llamado System, utilice la versión extendida del protocolo radius, introduzca la dirección IP del servidor Radius y el secreto compartido.

```
# radius scheme system
# server-type extended
# primary authentication 192.168.10.50
# security-policy-server 192.168.10.50
# key authentication simple kamisama123@
# user-name-format without-domain
```

Utilice el siguiente comando para verificar la configuración.

```
# display radius scheme
```

Crear un nuevo dominio, configura la autenticación y autorización para utilizar radius como el método principal para manejar las autenticaciónes y configura la autenticación local como una solución alternativa en caso del servidor radius no está respondiendo.

```
# domain fkit.local
# authentication login radius-scheme system local
# authorization login radius-scheme system local
```

Después de finalizar la configuración establezca esto como el dominio de autenticación predeterminado.

```
# domain default enable fkit.local
```

Utilice el siguiente comando para verificar la configuración.

```
# display domain fkit.local
```

Utilice el comando *save* para guardar la configuración.

```
# save
```

Para eliminar la autenticación radius, acceda al modo de configuración y utilice los siguientes comandos.

```
# undo domain fkit.local
# undo radius scheme system
```

Conclusión

Este capítulo enseñó a través de ejemplos prácticos cómo hacer la gestión de cuentas y cómo configurar la función de autenticación radius para ayudar al administrador de la red a lograr la autenticación centralizada.

Durante todo este capítulo, fuimos capaces de seguir a Luke mientras configuraba un conmutador para cumplirse los siguientes requisitos del proyecto enumerados en el documento denominado ***Requisitos de la nueva red***.

• La autenticación debe ser integrada con el active directory
• Debe ser posible configurar múltiples niveles de acceso a un switch

Al final de este capítulo, el lector debe ser capaz de configurar la autenticación radius en un switch para mejorar el control de su red a través de la autenticación centralizada.

Los siguientes videos fueron publicados en nuestro canal de Youtube para mostrarle cómo utilizar las técnicas presentadas en este capítulo y mejorar su curva de aprendizaje:

• HP Switch – Autenticación Radius
• Windows 2012 – Instalación del servidor Radius

– Capítulo 10 –

MONITORIZACIÓN DE LA RED

Después de terminar la instalación y configuración de los dispositivos, Luke decide que es el momento de añadir los switches para el sistema de monitorización de la red existente, gestionado por los expertos en Linux.

Un sistema de monitorización de red se puede describir como una o más aplicaciones que permiten la colección de información a distancia sobre la configuración y el rendimiento de los dispositivos de red.

Mediante el uso de snmp, el administrador de red es capaz de autorizar el sistema de monitorización de red para obtener información de forma remota de los switches.

El protocolo snmp fue diseñado para estandarizar la colección remota de datos entre dos dispositivos a través del uso de un sistema de pregunta y respuesta.

Este capítulo le enseñará cómo habilitar y configurar el servicio snmp en un conmutador a través de un enfoque paso a paso.

A lo largo de este capítulo, se presentarán las siguientes tareas relacionadas con la ejecución del proyecto de la red:

• Cómo configurar SNMP versión 2c
• Cómo configurar SNMP versión 3

Todas las lecciones incluidas en este capítulo se presentarán de manera práctica utilizando el punto de vista de Luke durante la ejecución de su proyecto.

Configuración de SNMP

Después de una reunión con las partes interesadas, se decidió que todos los conmutadores del proyecto deben ser añadidos al sistema de monitorización de red existente, que es gestionado por el equipo de especialistas de Linux.

En nuestro ejemplo, los switches deben tener el servicio snmp activado y configurado para el sistema de monitorización de red recoger información de forma remota.

Acceda a la interfaz web, seleccione el menú *Device* y haga clic en la opción *SNMP* para ser enviado a la página de gestión de snmp.

Para habilitar el snmp, acceda a la ficha **Setup**, seleccione la opción **Enable**, configura una **persona de contacto**, la **localización**, selecciona la versión **v2c** y haga clic en el botón **Apply**.

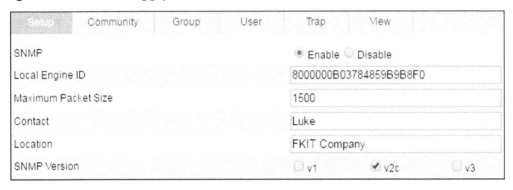

Durante la configuración del servicio snmp, el administrador de red tendrá que elegir qué versión del protocolo snmp debe estar habilitada, por lo tanto, aquí presentamos una lista de las versiones disponibles y sus descripciones.

La **versión 1** sólo proporciona un sistema básico de pregunta y respuesta entre dos dispositivos que prueban el conocimiento de un secreto compartido, conocido como comunidad snmp.

La **versión 2c** añadió mejoras y nuevas características relacionadas con el intercambio de información entre los dispositivos.

La **versión 3** introdujo una capa de seguridad de la información que es capaz de ofrecer características como la autenticación de usuarios y el cifrado.

Después de una reunión con el equipo de expertos en Linux, Luke decidió usar la versión 2c del protocolo snmp en lugar de la versión 3, debido al sistema de monitorización de red no soporta la versión 3 del protocolo snmp.

Después de habilitar el servicio, el administrador de red tendrá que crear una comunidad snmp para autorizar la comunicación entre el sistema de monitorización y el switch, por lo tanto, acceda a la ficha **Community**, haga clic en el botón **Add**, introduzca un **nombre de comunidad**, seleccione la opción **Read-only** y haga clic en el botón **Apply**.

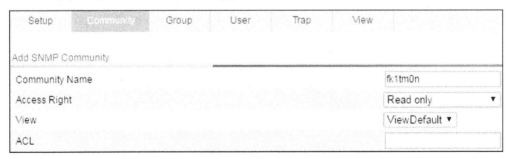

Después de terminar la configuración del servicio, el administrador de red tiene que probar la comunicación snmp, por lo tanto, acceda a la página web **paessler.com** y descarga el software **Paessler SNMP Tester**.

Para probar la comunicación, abra el software **Paessler SNMP Tester**, escriba la **dirección IP del switch**, selecciona la versión del protocolo **2c**, introduzca la comunidad snmp, seleccione la opción **Read device uptime** y haga clic en el botón **Start**.

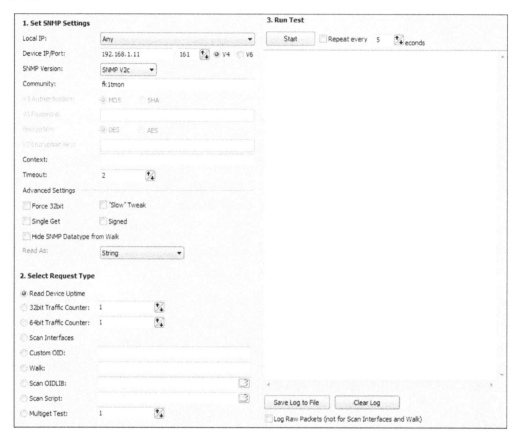

En nuestro ejemplo, la versión 2c fue activada y una comunidad snmp llamada fk1tmon fue creada con permisos de sólo lectura.

Después de terminar la instalación del servicio snmp, asegúrese de guardar la configuración haciendo clic en la opción **Save** disponible en la parte superior derecha de la pantalla.

Algunos lectores prefieren utilizar la línea de comandos en vez de la interfaz web, por lo tanto, también vamos a demostrar cómo configurar el servicio snmp utilizando la línea de comandos.

Acceda a la línea de comandos del conmutador mediante la consola, telnet o ssh e inicie una sesión con un usuario que tenga privilegios administrativos.

Si aplicable a su modelo de conmutador, introduzca el comando _*cmdline-mode* para acceder a la línea de comandos secreta.

```
# _cmdline-mode on
```

Utilice el comando *system-view* para entrar en el modo de configuración.

```
# system-view
```

Utilice los siguientes comandos para habilitar la versión 2c de snmp, configure una persona de contacto y la ubicación del dispositivo.

```
# snmp-agent
# snmp-agent sys-info version v2c
# snmp-agent sys-info contact Luke
# snmp-agent sys-info location FKIT Company
```

Configura una comunidad snmp con permiso de sólo lectura.

```
# snmp-agent community read fk1tm0n
```

Utilice el siguiente comando para verificar la configuración.

```
# display snmp-agent sys-info
# display snmp-agent community
```

Utilice el comando *save* para guardar la configuración.

```
# save
```

Para eliminar una comunidad snmp, acceda al modo de configuración y utilice el siguiente comando.

```
# undo snmp-agent community read fk1tm0n
```

Utilice los siguientes comandos para deshabilitar el servicio snmp.

```
# undo snmp-agent
# undo snmp-agent sys-info version v2c
```

Configuración de SNMP v3

Después de evaluar la solución de monitorización de red utilizada por el equipo de expertos en Linux, Luke llegó a la conclusión de que este software de monitorización no es compatible con la versión de snmp 3, por lo tanto, la siguiente configuración será demostrada solamente para propósitos educativos.

Acceda a la interfaz web, seleccione el menú *Device* y haga clic en la opción *SNMP* para ser enviado a la página de gestión de snmp.

Para habilitar el snmp, acceda a la ficha **Setup**, seleccione la opción **Enable**, mantenga el valor predeterminado en **Local engine identification**, configura una **persona de contacto**, la **localización**, seleccione la versión **v3** y haga clic en el botón **Apply**.

Después de habilitar snmp, el administrador de red debe crear un grupo de permisos, por lo tanto, acceda a la ficha **Group**, haga clic en el botón **Add**, introduzca un **nombre de grupo**, seleccione el nivel de seguridad **AuthPriv**, .seleccione la opción **ViewDefault** en el cuadro combinado llamado **Read View** y haga clic en el botón **Apply**.

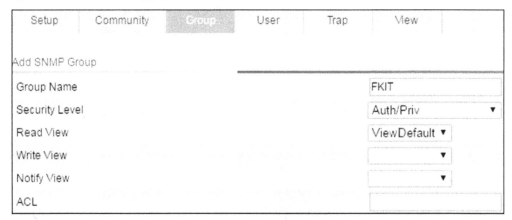

En nuestro ejemplo, la versión de snmp 3 fue activada y el nivel de seguridad más alto, AuthPriv, fue configurado con permisos de sólo lectura.

Para crear un nuevo usuario de snmp, acceda a la ficha **User**, haga clic en el botón **Add**, introduzca un **nombre de usuario**, seleccione el **nivel de seguridad AuthPriv**, seleccione el **grupo creado previamente**, seleccione el modo de autenticación **SHA**, introduzca una **contraseña para autenticación de usuario**, seleccione el modo de privacidad **AES128**, introduzca una **contraseña para cifrado** de la comunicación y haga clic en el botón **Add**.

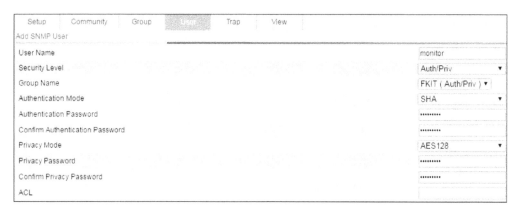

Durante la creación de un nuevo usuario snmp, el administrador de red tendrá que elegir el nivel de seguridad deseado, por lo tanto, aquí presentamos una lista de las opciones disponibles y sus descripciones.

El nivel llamado *noAuthNoPriv* no proporciona autenticación o cifrado para la comunicación snmp.

El nivel llamado *AuthNoPriv* proporciona autenticación a través de una combinación de username y contraseña, pero no ofrece cifrado para la comunicación snmp.

El nivel llamado *AuthPriv* proporciona autenticación a través de una combinación de username y contraseña junto con el cifrado de la comunicación a través del uso de un secreto compartido.

En nuestro ejemplo, el administrador de red configuró un username llamado *monitor* con el nivel de seguridad *AuthPriv*, utilizando el algoritmo de autenticación *SHA* con la contraseña *123456789* mientras se utilizó el algoritmo *AES128* para cifrar la comunicacion con el secreto compartido *987654321*.

Después de terminar la configuración del servicio, el administrador de red tiene que probar la comunicación snmp, por lo tanto, acceda a la página web *paessler.com* y descarga el software *Paessler SNMP Tester*.

Para probar la comunicación, abra el software *Paessler SNMP Tester*, escriba la *dirección IP del switch*, selecciona la versión del protocolo *3*, seleccione la opción *SHA*, seleccione la opción *AES*, introduzca el *username* snmp creado previamente, la *contraseña*, introduzca el *secreto compartido* para el cifrado, seleccione la opción *Read device uptime* y haga clic en el botón *Start*.

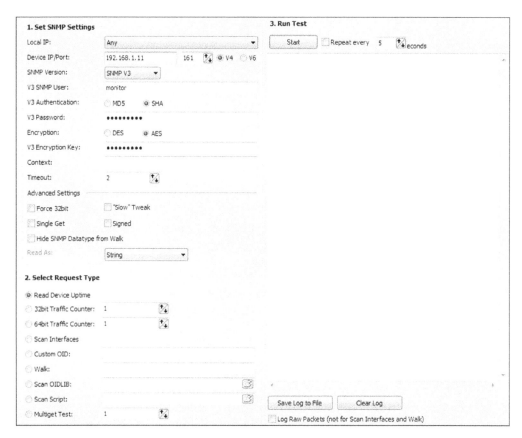

En nuestro ejemplo, la *versión 3* del servicio snmp fue activada, un usuario llamado *monitor* con el nivel de seguridad *AuthPriv* fue creado utilizando el algoritmo de autenticación *SHA*, la contraseña *123456789*, el algoritmo de encriptación *AES128* y el secreto compartido *987654321.*

Después de terminar la instalación del servicio snmp, asegúrese de guardar la configuración haciendo clic en la opción *Save* disponible en la parte superior derecha de la pantalla.

Algunos lectores prefieren utilizar la línea de comandos en vez de la interfaz web, por lo tanto, también vamos a demostrar cómo configurar el servicio snmp utilizando la línea de comandos.

Acceda a la línea de comandos del conmutador mediante la consola, telnet o ssh e inicie una sesión con un usuario que tenga privilegios administrativos.

Si aplicable a su modelo de conmutador, introduzca el comando *_cmdline-mode* para acceder a la línea de comandos secreta.

```
# _cmdline-mode on
```

Utilice el comando *system-view* para entrar en el modo de configuración.

```
# system-view
```

Utilice los siguientes comandos para habilitar la versión 3 de snmp, configure una persona de contacto y la ubicación del dispositivo.

```
# snmp-agent
# snmp-agent sys-info version v3
# snmp-agent sys-info contact Luke
# snmp-agent sys-info location FKIT Company
```

Utilice el siguiente comando para crear un nuevo grupo con el nivel de seguridad AuthPriv.

```
# snmp-agent group v3 FKIT privacy
```

Utilice el siguiente comando para crear un usuario snmp y las contraseñas necesarias para la autenticación y criptografía.

```
# snmp-agent usm-user v3 monitor FKIT authentication-mode sha 123456789 privacy-m
ode aes128 987654321
```

En nuestro ejemplo, un usuario llamado *monitor* con el nivel de seguridad *AuthPriv* fue creado utilizando el algoritmo de autenticación *SHA*, la contraseña *123456789*, el algoritmo de encriptación *AES128* y el secreto compartido *987654321*.

Utilice los siguientes comandos para verificar la configuración.

```
# display snmp-agent sys-info
# display snmp-agent usm-user
```

Utilice el comando *save* para guardar la configuración.

```
# save
```

Para eliminar un usuario, acceda al modo de configuración y utilice el siguiente comando.

```
# undo snmp-agent usm-user v3 monitor FKIT local
```

Utilice los siguientes comandos para deshabilitar el servicio snmp.

```
# undo snmp-agent
# undo snmp-agent sys-info version v3
```

Conclusión

Este capítulo enseñó a través de ejemplos prácticos cómo habilitar y configurar la función snmp para ayudar al administrador de la red a lograr una mejor supervisión de la red.

Durante todo este capítulo, fuimos capaces de seguir a Luke mientras configuraba un conmutador para cumplirse los siguientes requisitos del proyecto enumerados en el documento denominado ***Requisitos de la nueva red***.

• Debe ser posible monitorear los switches a través de Snmp

Al final de este capítulo, el lector debe ser capaz de configurar el servicio snmp para permitir que una aplicación de supervisión de red obtenga informaciónes sobre el rendimiento del switch.

Los siguientes videos fueron publicados en nuestro canal de Youtube para mostrarle cómo utilizar las técnicas presentadas en este capítulo y mejorar su curva de aprendizaje:

• HP Switch – Configuración de SNMP
• HP Switch – Configuración de SNMP v3

– Capítulo 11 –

MONITORIZAR PUERTO

Después de finalizar la configuración de snmp y añadir los switches para el sistema de de monitorización de red existente, Luke recibió un mensaje de advertencia del sistema de monitorización de red acerca de una alta utilización de ancho de banda y decide investigar el incidente.

El uso de técnicas tales como la duplicación de puertos ofrece una manera rápida para el administrador analizar un problema de red y encontrar la causa raíz del problema.

La duplicación de puertos es una técnica que se puede utilizar para monitorear el tráfico de red del puerto de un conmutador mediante la replicación de todos los paquetes de entrada y de salida a un puerto que realizará la función de supervisión.

Este capítulo le enseñará cómo configurar la duplicación de puertos a través de un enfoque paso a paso.

A lo largo de este capítulo, se presentarán las siguientes tareas relacionadas con la ejecución del proyecto de la red:

• Cómo configurar la duplicación de puertos

Todas las lecciones incluidas en este capítulo se presentarán de manera práctica utilizando el punto de vista de Luke durante la ejecución de su proyecto.

Duplicación de Puertos

Al recibir un mensaje de alerta del sistema de monitorización de red sobre una alta utilización de ancho de banda por el puerto 20, Luke decidió investigar lo que está pasando mediante la utilización de la técnica llamada duplicación de puertos para replicar todos los paquetes enviados y recibidos por el puerto 20 al puerto 10.

En nuestro ejemplo, todos los paquetes enviados y recibidos por el puerto 20 deben ser replicados al puerto 10 que estará conectado a un ordenador con un software analizador de tráfico de red.

La configuración de duplicación de puertos permitirá que un ordenador conectado al puerto 10 pueda supervizar todo el tráfico de red del ordenador conectado al puerto 20.

Acceda a la interfaz web, seleccione el menú **Device** y haga clic en la opción **Port Mirroring** para ser enviados a la página de administración de duplicación de puertos.

Para habilitar la duplicación de puertos, seleccione la ficha **Create**, introduzca un identificador numérico para el grupo de supervisión, seleccione la opción **Local** y haga clic en el botón **Apply**.

Para configurar el puerto responsable por la supervisión, seleccione la ficha **Modify Port**, elija el **grupo** creado previamente, seleccione la opcion **Monitor Port**, seleccione el puerto del conmutador que será responsable por la supervisión y haga clic en el botón **Apply**.

Para configurar el puerto que será monitoreado, seleccione la ficha **Modify Port**, elija el **grupo** creado previamente, seleccione la opcion **Mirror Port**, seleccione el puerto del conmutador que necesita ser monitoreado y haga clic en el botón **Apply**.

Para comprobar la configuración, acceda a la ficha **Summary** y verifica si la información que se muestra es correcta.

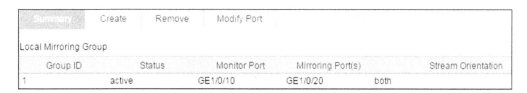

Group ID	Status	Monitor Port	Mirroring Port(s)		Stream Orientation
1	active	GE1/0/10	GE1/0/20	both	

A partir de este momento, todos los paquetes de entrada y salida desde el puerto 20 se replicarán para el puerto 10 del mismo switch, por lo tanto, como el último paso, el administrador de la red debe descargar e instalar un software capaz de analizar el tráfico de red en el ordenador conectado al puerto del switch 10.

Después de terminar la configuración de la duplicación de puertos, el administrador de red necesita un software para supervisar la comunicación del ordenador sospechoso, por lo tanto, accede la página web *wireshark.org* y descarga el software *Wireshark*.

Después de realizar la instalación de Wireshark correctamente con soporte Winpcap habilitado, el administrador será capaz de ver el tráfico de la red replicado a través de la interfaz gráfica de Wireshark como se muestra a continuación.

No.	Time	Source	Destination	Protocol
1	0.000000	192.168.20.50	108.179.252.167	TCP
18	0.250470	192.168.20.50	108.179.252.167	TCP
1155	29.409489	192.168.20.50	108.179.252.167	TCP
1156	29.409871	192.168.20.50	108.179.252.167	TCP
1172	29.660197	192.168.20.50	108.179.252.167	TCP

Filtro: `ip.dst==108.179.252.167`

En nuestro ejemplo, el tráfico de red del puerto 20 fue replicado para el puerto 10, que está conectado a un ordenador con un software de análisis de red.

Después de analizar el tráfico capturado, el administrador de la red descubrió que el dispositivo conectado al puerto 20 es el ordenador de Leia, que está consumiendo un pedazo grande de ancho de banda de la empresa para hacer descargas desde el sitio web fucking-it.com que utiliza la direccion IP 108.179.252.167.

Es importante destacar que esta técnica degrada el rendimiento del procesador y la memoria del conmutador debido al trabajo extra para replicar el tráfico de la red, por lo tanto, el administrador debe utilizar la técnica de duplicación solamente por un corto período de tiempo y quitarla lo más pronto posible.

Algunos lectores prefieren utilizar la línea de comandos en vez de la interfaz web, por lo tanto, también vamos a demostrar cómo configurar la duplicación de puertos utilizando la línea de comandos.

Acceda a la línea de comandos del conmutador mediante la consola, telnet o ssh e inicie una sesión con un usuario que tenga privilegios administrativos.

Si aplicable a su modelo de conmutador, introduzca el comando *_cmdline-mode* para acceder a la línea de comandos secreta.

```
# _cmdline-mode on
```

Utilice el comando *system-view* para entrar en el modo de configuración.

```
# system-view
```

Utilice el siguiente comando para crear un grupo de monitorización.

```
# mirroring-group 1 local
```

Configura el puerto 10 para realizar la función de supervisión de red.

```
# interface GigabitEthernet1/0/10
# mirroring-group 1 monitor-port
```

Configurar el puerto 20 para replicar todo el tráfico de red.

```
# interface GigabitEthernet1/0/20
# mirroring-group 1 mirroring-port both
```

Utilice el siguiente comando para verificar la configuración.

```
# display mirroring-group 1
```

Utilice el comando *save* para guardar la configuración.

```
# save
```

Para deshabilitar la duplicación de puertos, acceda al modo de configuración y utilice el siguiente comando.

```
# undo mirroring-group 1
```

Conclusión

Este capítulo enseñó a través de ejemplos prácticos cómo configurar la función de replicacion de puerto para ayudar al administrador a identificar la causa de un problema de red.

Durante todo este capítulo, fuimos capaces de seguir a Luke mientras configuraba un conmutador para cumplirse los siguientes requisitos del proyecto enumerados en el documento denominado ***Requisitos de la nueva red***.

• Debe ser posible monitorear el tráfico a través de la duplicación de puertos

Al final de este capítulo, el lector debe ser capaz de utilizar la función de duplicación de puertos para diagnosticar un problema de red.

Los siguientes videos fueron publicados en nuestro canal de Youtube para mostrarle cómo utilizar las técnicas presentadas en este capítulo y mejorar su curva de aprendizaje:

• HP Switch – Configurar duplicación de puertos

– Capítulo 12 –

FILTRADO DE PAQUETES

Al recibir un mensaje de advertencia del sistema de monitorización de red acerca de una alta utilización de ancho de banda en el puerto 20, Luke utilizó la técnica de duplicación de puertos para investigar el problema y descubrió que el ordenador conectado al puerto 20 estaba haciendo una gran cantidad de descargas de la página web www.fucking-it.com.

Después de analizar el tráfico, Luke decidió utilizar la técnica de filtrado de paquetes para bloquear cualquier acceso a la página web www.fucking-it.com.

El uso de una técnica de filtrado de paquetes proporciona una forma rápida y fácil para un administrador de red negar el acceso a direcciones IP específicas y, por tanto, aumentar su control sobre la red.

Este capítulo enseñara cómo realizar la configuración del filtrado de paquetes a través de un enfoque paso a paso.

A lo largo de este capítulo, se presentarán las siguientes tareas relacionadas con la ejecución del proyecto de la red:

• Cómo bloquear el acceso a direcciones IP específicas

Todas las lecciones incluidas en este capítulo se presentarán de manera práctica utilizando el punto de vista de Luke durante la ejecución de su proyecto.

Guía Paso a Paso

El proceso de filtrado de paquetes es complejo y requiere toda la atención del administrador de red para entender y llevar a cabo los muchos pasos necesarios.

Como primer paso, el administrador de red necesita crear una lista de acceso que contenga todas las direcciones IP que se deben bloquear.

Como segundo paso, el administrador de red tiene que crear una clase de tráfico que será utiliza para clasificar el tráfico de red como miembro de la lista de direcciones bloqueadas.

Como tercero paso, el administrador de red necesita crear un comportamiento que se utilizará en respuesta a cualquier tráfico clasificado como un miembro de la lista de direcciones bloqueadas.

Como cuarto paso, el administrador de red necesita crear una política de tráfico que reunirá a todos los elementos previamente creados.

En nuestro ejemplo, la política creada utilizará la regla de clasificación para detectar cualquier miembro de la lista de acceso y utilizará el comportamiento definido para decidir si el paquete de red se debe permitir o bloquear.

Como quinto paso, el administrador de red tiene que aplicar la política creada en un puerto del switch.

Creación de Lista de Acceso

Como primer paso, el administrador de red necesita crear una lista de acceso que contenga las direcciones IP que deberían ser bloqueados.

Acceda a la interfaz web, seleccione el menú *QoS* y haga clic en la opción *ACL IPV4* para ser enviados a la página de gestión de listas de acceso.

Para crear una nueva lista de acceso, seleccione la ficha *Create*, introduzca un identificador numérico para la nueva lista de acceso y haga clic en el botón *Apply*.

Summary	Create	Basic Setup	Advanced Setup	Link Layer Setup	Remove
ACL Number	3000		2000-2999 for basic ACLs. 3000-3999 for advanced ACLs. 4000-4999 for Ethernet frame header ACLs.		
Match Order	Config ▼				

Durante la instalación de una nueva lista de acceso, el administrador de red tendrá que configurar un identificador numérico que representa el tipo de lista creada, por lo tanto, aquí presentamos las opciones disponibles y sus descripciones.

Un identificador numérico *entre 2000 y 2999* especifica el tipo básico de la lista de acceso que sólo permite la configuración de las direcciones de origen.

Un identificador numérico *entre 3000 y 3999* especifica el tipo avanzado de lista de acceso que permite la configuración de las direcciones IP de origen y de destino, junto con el tipo de protocolo, puerto de origen y puerto de destino.

Un identificador numérico *entre 4000 y 4999* especifica una lista de acceso de capa 2, que permite la configuración de direcciones MAC y otras informaciones de protocolo de capa 2.

Después de terminar la creación de una lista de acceso avanzada, acceda a la ficha *Advanced Setup*, seleccione la lista de acceso creada previamente, seleccione la acción *Deny*, seleccione la casilla llamada *Destination IP Address* y escriba la dirección IP que debe ser bloqueada.

También en la ficha *Advanced Security*, seleccione el tipo de protocolo que desea bloquear y haga clic en el botón *Add*.

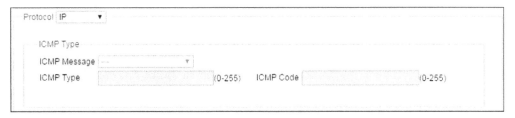

En nuestro ejemplo, el administrador de red creó una lista de acceso avanzada para bloquear todo el tráfico para la dirección de destino 108.179.252.167, que es la dirección IP del sitio web www.fucking-it.com.

Para comprobar la configuración, acceda a la ficha *Summary* y verifica si la información que se muestra es correcta.

Después de terminar la creación de una lista de acceso avanzada, asegúrese de guardar la configuración haciendo clic en la opción *Save* disponible en la parte superior derecha de la pantalla.

Si necesita quitar una lista de acceso, acceda a la ficha *Remove*, seleccione la lista de acceso deseada y haga clic en el botón *Remove*.

Algunos lectores prefieren utilizar la línea de comandos en vez de la interfaz web, por lo tanto, también vamos a demostrar cómo crear una lista de acceso utilizando la línea de comandos.

Acceda a la línea de comandos del conmutador mediante la consola, telnet o ssh e inicie una sesión con un usuario que tenga privilegios administrativos.

Si aplicable a su modelo de conmutador, introduzca el comando *_cmdline-mode* para acceder a la línea de comandos secreta.

```
#_cmdline-mode on
```

Utilice el comando *system-view* para entrar en el modo de configuración.

```
# system-view
```

Crea una nueva lista de acceso, añada una descripción y configure las reglas deseadas.

```
# acl number 3000
# description BLACKLIST-IP
# rule 0 deny ip destination 108.179.252.167 0.0.0.0
```

Utilice el siguiente comando para verificar la configuración.

```
# display acl 3000
```

Utilice el comando *save* para guardar la configuración.

```
# save
```

Para quitar una lista de acceso, acceda al modo de configuración y utilice el siguiente comando.

```
# undo acl number 3000
```

Creación de Clase de Acceso

Como segundo paso, el administrador de red tiene que crear una clase de tráfico que será utiliza para clasificar el tráfico de red como miembro de la lista de direcciones bloqueadas.

Acceda a la interfaz web, seleccione el menú *QoS* y haga clic en la opción *Classifier* para ser enviados a la página de configuración de clase de tráfico.

Para crear una nueva clase de acceso, seleccione la ficha *Create*, introduzca un nombre de identificación para la nueva clase y haga clic en el botón *Apply.*

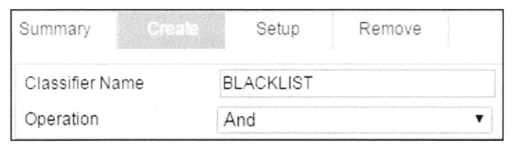

Después de terminar la creación de una clase de tráfico, acceda a la ficha *Setup*, seleccione la clase creada anteriormente, seleccione la casilla llamada *ACL IPv4*, escriba el número de lista de acceso creado anteriormente y haga clic en el botón *Apply*.

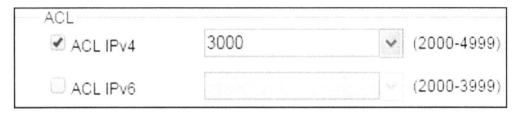

En nuestro ejemplo, el administrador de red creó una clase llamada blacklist y configuró la lista de acceso 3000 como una manera para identificar si la dirección IP visitada es miembro de esta clase.

Para comprobar la configuración, acceda a la ficha *Summary* y verifica si la información que se muestra es correcta.

Después de terminar la creación de una clase de acceso, asegúrese de guardar la configuración haciendo clic en la opción *Save* disponible en la parte superior derecha de la pantalla.

Algunos lectores prefieren utilizar la línea de comandos en vez de la interfaz web, por lo tanto, también vamos a demostrar cómo crear una clase de acceso utilizando la línea de comandos.

Acceda a la línea de comandos del conmutador mediante la consola, telnet o ssh e inicie una sesión con un usuario que tenga privilegios administrativos.

Si aplicable a su modelo de conmutador, introduzca el comando _cmdline-mode para acceder a la línea de comandos secreta.

```
# _cmdline-mode on
```

Utilice el comando *system-view* para entrar en el modo de configuración.

```
# system-view
```

Crea una nueva clase de acceso y asocia la lista de acceso creada previamente.

```
# traffic classifier BLACKLIST operator and
# if-match acl 3000
```

Utilice el siguiente comando para verificar la configuración.

```
# display traffic classifier user-defined BLACKLIST
```

Utilice el comando *save* para guardar la configuración.

```
# save
```

Para quitar una clase de acceso, acceda al modo de configuración y utilice el siguiente comando.

```
# undo traffic classifier BLACKLIST
```

Creación de Comportamiento

Como tercero paso, el administrador de red necesita crear un comportamiento que se utilizará en respuesta a cualquier tráfico clasificado como un miembro de la lista de direcciones bloqueadas.

Acceda a la interfaz web, seleccione el menú *QoS* y haga clic en la opción *Behavior* para ser enviados a la página de configuración de comportamiento.

Para crear un nuevo comportamiento, seleccione la ficha *Create*, introduzca un nombre de identificación para el nuevo comportamiento y haga clic en el botón *Create.*

Después de terminar la creación del comportamiento, acceda a la ficha *Setup*, seleccione el comportamiento creado anteriormente, seleccione la casilla llamada *Filter*, seleccione la opción *Deny* y haga clic en el botón *Apply*.

En nuestro ejemplo, el administrador de red creó un comportamiento identificado como Block que va a denegar el acceso a cualquier dirección IP clasificada como miembro de la clase llamada Blacklist.

Para comprobar la configuración, acceda a la ficha *Summary* y verifica si la información que se muestra es correcta.

Después de terminar la creación del comportamiento, asegúrese de guardar la configuración haciendo clic en la opción *Save* disponible en la parte superior derecha de la pantalla.

Algunos lectores prefieren utilizar la línea de comandos en vez de la interfaz web, por lo tanto, también vamos a demostrar cómo crear un comportamiento utilizando la línea de comandos.

Acceda a la línea de comandos del conmutador mediante la consola, telnet o ssh e inicie una sesión con un usuario que tenga privilegios administrativos.

Si aplicable a su modelo de conmutador, introduzca el comando *_cmdline-mode* para acceder a la línea de comandos secreta.

```
# _cmdline-mode on
```

Utilice el comando *system-view* para entrar en el modo de configuración.

```
# system-view
```

Utilice los siguientes comandos para crear un nuevo comportamiento y configúrelo para denegar el acceso.

```
# traffic behavior BLOCK
# filter deny
```

Utilice el siguiente comando para verificar la configuración.

```
# display traffic behavior user-defined BLOCK
```

Utilice el comando *save* para guardar la configuración.

```
# save
```

Para quitar un comportamiento, acceda al modo de configuración y utilice el siguiente comando.

```
# undo traffic behavior BLOCK
```

Creación de Política de Acceso

Como cuarto paso, el administrador de red debe crear una política que se aplicará a los puertos deseados para hacer cumplir el comportamiento deseados.

Acceda a la interfaz web, seleccione el menú *QoS* y haga clic en la opción *QoS Policy* para ser enviados a la página de administración de políticas de acceso.

Para crear una nueva política, seleccione la opción *Create*, introduzca un nombre de identificación para la nueva política y haga clic en el botón *Create.*

Después de terminar la creación de una política, acceda a la ficha *Setup*, seleccione la *clase de acceso deseada*, seleccione el *comportamiento deseado* y haga clic en el botón *Apply*.

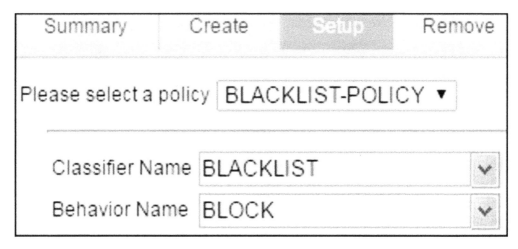

En nuestro ejemplo, el administrador de red creó una política de acceso llamada blacklist-policy para denegar el acceso a cualquier paquete de red clasificado como miembro de la clase blacklist.

Para comprobar la configuración, acceda a la ficha **Summary** y verifica si la información que se muestra es correcta.

Después de terminar la creación de la política, asegúrese de guardar la configuración haciendo clic en la opción **Save** disponible en la parte superior derecha de la pantalla.

Algunos lectores prefieren utilizar la línea de comandos en vez de la interfaz web, por lo tanto, también vamos a demostrar cómo crear una política de acceso utilizando la línea de comandos.

Acceda a la línea de comandos del conmutador mediante la consola, telnet o ssh e inicie una sesión con un usuario que tenga privilegios administrativos.

Si aplicable a su modelo de conmutador, introduzca el comando **_cmdline-mode** para acceder a la línea de comandos secreta.

```
# _cmdline-mode on
```

Utilice el comando **system-view** para entrar en el modo de configuración.

```
# system-view
```

Utilice los siguientes comandos para crear una nueva política de acceso, añadir una clase de acceso y establecer el comportamiento deseado.

```
# qos policy BLACKLIST-POLICY
# classifier BLACKLIST behavior BLOCK
```

Utilice el siguiente comando para verificar la configuración.

```
# display qos policy user-defined BLACKLIST-POLICY
```

Utilice el comando *save* para guardar la configuración.

```
# save
```

Para quitar una política de acceso, acceda al modo de configuración y utilice el siguiente comando.

```
# undo qos policy BLACKLIST-POLICY
```

Aplicación de Política de Acceso

Como último paso, el administrador de red tiene que aplicar la política de acceso a un puerto del switch para hacer cumplir el comportamiento deseado.

Acceda a la interfaz web, seleccione el menú *QoS* y haga clic en la opción *Port Policy* para ser enviado a la página de la aplicación de políticas.

Para aplicar una política, acceda a la ficha *Setup*, seleccione el puerto deseado, seleccione la política deseada, seleccione la opción *Inbound* y haga clic en el botón *Apply*.

En nuestro ejemplo, el administrador de red aplicó la política de tráfico llamada blacklist al puerto 20.

Para comprobar la configuración, acceda a la ficha *Summary* y verifica si la información que se muestra es correcta.

Después de terminar la aplicación de políticas, asegúrese de guardar la configuración haciendo clic en la opción *Save* disponible en la parte superior derecha de la pantalla.

Algunos lectores prefieren utilizar la línea de comandos en vez de la interfaz web, por lo tanto, también vamos a demostrar cómo aplicar una política de acceso utilizando la línea de comandos.

Acceda a la línea de comandos del conmutador mediante la consola, telnet o ssh e inicie una sesión con un usuario que tenga privilegios administrativos.

Si aplicable a su modelo de conmutador, introduzca el comando *_cmdline-mode* para acceder a la línea de comandos secreta.

```
# _cmdline-mode on
```

Utilice el comando *system-view* para entrar en el modo de configuración.

```
# system-view
```

Utilice los siguientes comandos para aplicar la política de acceso al puerto deseado.

```
# interface GigabitEthernet1/0/20
# qos apply policy BLACKLIST-POLICY inbound
```

Utilice el siguiente comando para verificar la configuración.

```
# display qos policy interface GigabitEthernet1/0/20
```

Utilice el comando *save* para guardar la configuración.

```
# save
```

Para quitar la aplicación de política, acceda al modo de configuración y utilice el siguiente comando.

```
# interface GigabitEthernet1/0/20
# undo qos apply policy BLACKLIST-POLICY inbound
```

Conclusión

Este capítulo enseñó a través de ejemplos prácticos cómo configurar la función de filtrado de paquetes para ayudar al administrador de red hacer cumplir una política y lograr un mejor control sobre la red.

Durante todo este capítulo, fuimos capaces de seguir a Luke mientras configuraba un conmutador para cumplirse los siguientes requisitos del proyecto enumerados en el documento denominado ***Requisitos de la nueva red***.

• Debe ser posible bloquear el acceso a direcciones IP específicas

Al final de este capítulo, el lector debe ser capaz de configurar la función de filtrado de paquetes para mejorar la seguridad de su red.

El siguiente vídeo fue publicado en nuestro canal de Youtube para mostrarle cómo utilizar las técnicas presentadas en este capítulo y mejorar su curva de aprendizaje:

• HP Switch – Filtro de paquetes

– Capítulo 13 –

LIMITAR EL ANCHO DE BANDA

Al recibir un mensaje de advertencia del sistema de monitorización de la red por la falta de ancho de banda disponible, Luke utilizó la técnica de duplicación de puertos para investigar el problema y descubrió que el ordenador conectado al puerto 12 estaba usando un software torrent para hacer descargas ilegales.

Después de analizar el tráfico, Luke decidió usar una técnica de limitación de ancho de banda para restringir el ordenador sospechoso a un ancho de banda máximo de 50 kilobytes.

El uso de técnicas tales como la limitación de ancho de banda proporciona una forma rápida para un administrador de red controlar el ancho de banda máximo disponible a un puerto del conmutador y lograr un mayor control sobre la red.

Este capítulo le enseñará cómo configurar la limitación de ancho de banda a través de un enfoque paso a paso.

A lo largo de este capítulo, se presentarán las siguientes tareas relacionadas con la ejecución del proyecto de la red:

• Cómo limitar el ancho de banda de un puerto

Todas las lecciones incluidas en este capítulo se presentarán de manera práctica utilizando el punto de vista de Luke durante la ejecución de su proyecto.

Limitación del Ancho de Banda

Después de detectar la causa del problema, Luke decidió limitar el ancho de banda máximo permitido en el puerto 12 como una solución a corto plazo.

Acceda a la interfaz web, seleccione el menú *QoS* y haga clic en la opción *GTS* para ser enviados a la página de gestión de ancho de banda.

Para configurar una limitación ancho de banda, acceda a la ficha *Setup*, seleccione el puerto deseado, habilita el control de ancho de banda mediante la selección de la opción *Enable* e introduzca el ancho de banda máximo deseado en *kilobits*.

Durante la configuración, el administrador de la red tendrá que introducir el ancho de banda deseado en *kilobits por segundo*, por lo tanto, aquí se presenta una lista de posibles maneras de calcular el ancho de banda deseado en kilobits.

Para convertir el ancho de banda de *kilobytes* a *kilobits*, el administrador de la red debe multiplicar el valor en kilobytes por 8. Como ejemplo, podemos afirmar que *50 kilobytes multiplicado por 8 son iguales a 400 kilobits*.

Para convertir el ancho de banda de *megabytes* para *kilobits*, el administrador de la red debe multiplicar el valor en megabytes por 8000. Como ejemplo, podemos afirmar que *2 megabytes multiplicados por 8000 son iguales a 16000 kilobits*.

En nuestro ejemplo, el administrador de la red limitó el puerto 12 a un ancho de banda máximo de 50 kilobytes, que son equivalentes a 400 kilobits.

Para comprobar la configuración, acceda a la ficha *Summary*, seleccione el puerto deseado y verifica si la información que se muestra es correcta.

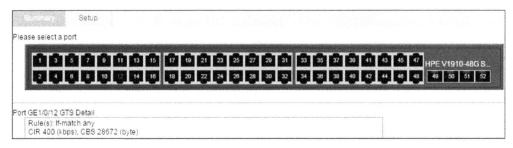

Para probar la configuración de limitación de ancho de banda, utilice el ordenador conectado a un puerto limitada, intente descargar un archivo y compruebe la velocidad de descarga.

Después de terminar la configuración de limitación de banda, asegúrese de guardar la configuración haciendo clic en la opción *Save* disponible en la parte superior derecha de la pantalla.

Algunos lectores prefieren utilizar la línea de comandos en vez de la interfaz web, por lo tanto, también vamos a demostrar cómo configurar la limitación del ancho de banda utilizando la línea de comandos.

133

Acceda a la línea de comandos del conmutador mediante la consola, telnet o ssh e inicie una sesión con un usuario que tenga privilegios administrativos.

Si aplicable a su modelo de conmutador, introduzca el comando **_cmdline-mode** para acceder a la línea de comandos secreta.

```
#  cmdline-mode on
```

Utilice el comando **system-view** para entrar en el modo de configuración.

```
# system-view
```

Utilice los siguientes comandos para configurar la limitación de ancho de banda.

```
# interface GigabitEthernet1/0/12
# qos gts any cir 400
```

En nuestro ejemplo, el administrador de la red limitó el puerto 12 a un ancho de banda máximo de 50 kilobytes.

Utilice el siguiente comando para verificar la configuración.

```
# display qos gts interface GigabitEthernet1/0/12
```

Utilice el comando **save** para guardar la configuración.

```
# save
```

Para eliminar la limitación, accede al modo de configuración y utilice el siguiente comando.

```
# interface GigabitEthernet1/0/12
# undo qos gts any
```

Conclusión

Este capítulo enseñó a través de ejemplos prácticos cómo configurar la función de limitación de del ancho de banda para ayudar al administrador a mejorar su control del tráfico de red.

Durante todo este capítulo, fuimos capaces de seguir a Luke mientras configuraba un conmutador para cumplirse los siguientes requisitos del proyecto enumerados en el documento denominado ***Requisitos de la nueva red***.

• Debe ser posible limitar el ancho de banda utilizado por un puerto

Al final de este capítulo, el lector debe ser capaz de configurar la función de limitación de del ancho de banda en un conmutador para mejorar el control sobre su red.

El siguiente vídeo fue publicado en nuestro canal de Youtube para mostrarle cómo utilizar las técnicas presentadas en este capítulo y mejorar su curva de aprendizaje:

• HP Switch – Limitar Ancho de Banda

– Capítulo 14 –

AISLAMIENTO DEL DISPOSITIVO

Al recibir un mensaje de advertencia del servidor antivirus informando sobre un ordenador infectado en la red, Luke decidió investigar el problema y descubrió que la computadora conectada al puerto 13 está intentando infectar a otros dispositivos en la misma red.

Después de analizar el incidente, Luke decidió utilizar la técnica de aislamiento del dispositivo para bloquear la comunicación entre los equipos de los usuarios para evitar la propagación del virus.

La utilización de técnicas como el aislamiento del dispositivo proporciona una manera rápida para que un administrador de red pueda bloquear la comunicación entre dos o más dispositivos y, por lo tanto, aumentar su control sobre la red.

Este capítulo enseñara cómo realizar la configuración del aislamiento de dispositivos a través de un detallado paso a paso.

A lo largo de este capítulo, se presentarán las siguientes tareas relacionadas con la ejecución del proyecto de la red:

• Cómo aislar la comunicación entre dispositivos

Todas las lecciones incluidas en este capítulo se presentarán de manera práctica utilizando el punto de vista de Luke durante la ejecución de su proyecto.

Aislamiento del Puerto

En nuestro ejemplo, el administrador de la red aislará la comunicación entre los puertos 13 y 14 para evitar que el equipo en el puerto 13 propague el virus a la computadora conectada al puerto 14.

Acceda a la interfaz web, seleccione el menú *Security* y haga clic en la opción *Port Isolate Group* para ser enviado a la página de configuración del aislamiento.

Para aislar la comunicación entre los puertos, acceda a la ficha *Setup*, seleccione la opción *Isolated port*, selecciona los puertos deseados y haga clic en el botón *Apply*.

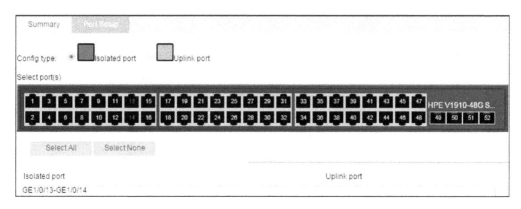

Después de terminar la configuración de aislamiento de puertos, las siguientes pruebas de comunicación fueron realizadas por el administrador de la red para validar el aislamiento del dispositivo:

La comunicación entre la computadora conectada al puerto 13 y el ordenador conectado al puerto 14 fue bloqueado por la configuración de aislamiento de puertos.

La comunicación entre la computadora conectada al puerto 13 y el ordenador conectado al puerto 15 no fue bloqueado, porque el puerto 15 no era un miembro de la configuración de aislamiento del puerto.

Para comprobar la configuración, acceda a la ficha **Summary** y verifica si la información que se muestra es correcta.

Después de terminar la configuración de aislamiento, asegúrese de guardar la configuración haciendo clic en la opción **Save** disponible en la parte superior derecha de la pantalla.

Algunos lectores prefieren utilizar la línea de comandos en vez de la interfaz web, por lo tanto, también vamos a demostrar cómo configurar el aislamiento del puerto utilizando la línea de comandos.

Acceda a la línea de comandos del conmutador mediante la consola, telnet o ssh e inicie una sesión con un usuario que tenga privilegios administrativos.

Si aplicable a su modelo de conmutador, introduzca el comando **_cmdline-mode** para acceder a la línea de comandos secreta.

```
#   cmdline-mode on
```

Utilice el comando **system-view** para entrar en el modo de configuración.

```
# system-view
```

Aplica el aislamiento en los puertos deseados.

```
# interface GigabitEthernet1/0/13
# port-isolate enable

# interface GigabitEthernet1/0/14
# port-isolate enable
```

Utilice el siguiente comando para verificar la configuración.

```
# display port-isolate group
```

Utilice el comando *save* para guardar la configuración.

```
# save
```

Para quitar el aislamiento de puertos, accede al modo de configuración y utilice el siguiente comando.

```
# interface GigabitEthernet1/0/13
# undo port-isolate enable
```

Conclusión

Este capítulo enseñó a través de ejemplos prácticos cómo configurar la función de aislamiento de puertos para ayudar al administrador a mejorar su control del tráfico de red.

Al final de este capítulo, el lector debe ser capaz de configurar la función de aislamiento de puertos en un conmutador para mejorar el control sobre su red.

El siguiente vídeo fue publicado en nuestro canal de Youtube para mostrarle cómo utilizar las técnicas presentadas en este capítulo y mejorar su curva de aprendizaje:

• HP Switch – Aislamiento de Puertos

– Capítulo 15 –

LABORATORIO VIRTUAL

Después de finalizar la implementación del nuevo proyecto de la red con éxito, Luke sabe que cualquier cambio realizado incorrectamente podría paralizar por completo la red de la empresa y afectar su credibilidad como un administrador de red y gestor de proyectos.

Para reducir la probabilidad de una interrupción de la red, Luke decide que antes de realizar cualquier nueva configuración en los conmutadores una fase de pruebas debe ser realizada en un laboratorio virtual, como una fase de validación.

Este capítulo le enseñará cómo crear un laboratorio de red virtual a través de un enfoque paso a paso.

A lo largo de este capítulo, se presentarán las siguientes tareas relacionadas con la ejecución del proyecto de la red:

• Cómo crear un laboratorio de red virtual

Todas las lecciones incluidas en este capítulo se presentarán de manera práctica utilizando el punto de vista de Luke durante la ejecución de su proyecto.

Guía Paso a Paso

El proceso de creación del laboratorio virtual es complejo y requiere toda la atención del administrador de red para entender y llevar a cabo todos los pasos necesarios.

Como primer paso, el administrador de red necesita realizar la instalación del software VirtualBox que proporcionará la base necesaria para proceder con la instalación del software de simulación de la red.

Como segundo paso, el administrador de la red debe realizar la instalación del software Wireshark que será capaz de ofrecer características como la captura de paquetes.

Como tercer paso, el administrador de la red debe realizar la instalación del software HP Network Simulator que será responsable de proporcionar el laboratorio de simulación de la red.

Como cuarto paso, vamos a mostrar cómo hacer una configuración básica del software de simulación, como añadir dispositivos, como conectar dispositivos y cómo acceder a los switches virtuales.

Instalación de VirtualBox

Como primer paso, el administrador de la red tiene que instalar el software VirtualBox, por lo tanto, visita la página web *virtualbox.org* y descarga el *software*.

Después de terminar la descarga, haga un clic derecho en el archivo de instalación de VirtualBox y seleccione la opción *Ejecutar como administrador* para iniciar la instalación del software.

El proceso de instalación en sí es sencillo, por lo tanto, apenas haga clic en el botón *Siguiente* repetidas veces hasta que se termine.

Welcome to the Oracle VM VirtualBox 5.0.14 Setup Wizard

The Setup Wizard will install Oracle VM VirtualBox 5.0.14 on your computer. Click Next to continue or Cancel to exit the Setup Wizard.

En nuestro ejemplo, la instalación del software VirtualBox fue hecho en un ordenador con Windows 7 para crear un laboratorio virtual.

Instalación de Wireshark

Como primer paso, el administrador de la red tiene que instalar el software Wireshark, por lo tanto, visita la página web *wireshark.org* y descarga el software.

Después de terminar la descarga, haga un clic derecho en el archivo de instalación de Wireshark y seleccione la opción *Ejecutar como administrador* para iniciar la instalación del software.

El proceso de instalación en sí es sencillo, por lo tanto, apenas haga clic en el botón *Siguiente* repetidas veces hasta que aparezca la pantalla de abajo, donde el administrador de la red debe seleccionar la opción *Install Winpcap*.

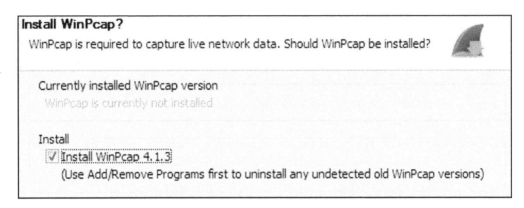

En la pantalla Install USBPcap, *no seleccione la opción* y haga clic en el botón *Instalar*.

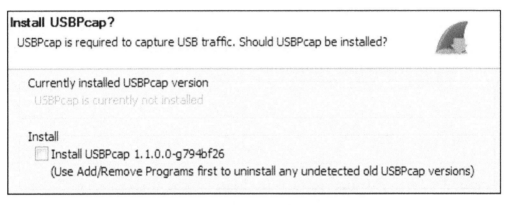

En la pantalla de instalación WinPcap, *seleccione la casilla de verificación* disponible y sigue adelante hasta el final de la instalación.

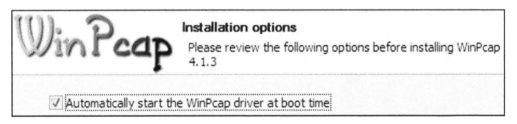

En nuestro ejemplo, la instalación del software Wireshark fue hecha en un ordenador con Windows 7 para crear un laboratorio virtual.

Instalación de HP Network Simulator

Como tercer paso, el administrador de la red tiene que instalar el software HP network simulator, por lo tanto, visita la página web *hpe.com* y descarga el software.

Después de terminar la descarga, haga un clic derecho en el archivo y selecciona la opción *Extraer todo*.

Si el administrador de la red intenta instalar el software HP network simulator, verá la siguiente mensaje de error.

 The VirtualBox version is lower than the HCL needed. Please uninstalled the old version firstly, and reinstall HCL.

Para solucionar este error, abra el editor del registro de Windows como administrador y acceda a la siguiente clave del registro.

• HKEY_LOCAL_MACHINE > SOFTWARE > ORACLE >VIRTUALBOX

ab InstallDir	REG_SZ	C:\Program Files\Oracle\VirtualBox\
ab Version	REG_SZ	5.0.14
ab VersionExt	REG_SZ	5.0.14

Para solucionar este problema, cambie el valor de la opción *VersionExt* a 4.2.18 y cierre el editor de registro de Windows.

ab Version	REG_SZ	5.0.14
ab VersionExt	REG_SZ	4.2.18

Después de cerrar el editor de registro, haga un clic derecho en el archivo de instalación del HP Network Simulator y selecciona la opción *Ejecutar como administrador* para iniciar la instalación del software.

El proceso de instalación en sí es sencillo, por lo tanto, apenas haga clic en el botón *Siguiente* repetidas veces hasta que se termine.

Welcome to the HCL 7.1.59 Setup Wizard

This wizard will guide you through the installation of HCL 7.1.59.

It is recommended that you close all other applications before starting Setup.

Click Next to Continue.

Después de terminar la instalación del HP Network Simulator, abra el editor del registro de Windows como administrador, acceda a la clave de **VirtualBox**, cambia la opción **VersionExt** a su valor original y cierre el editor del registro.

ab InstallDir	REG_SZ	C:\Program Files\Oracle\VirtualBox\
ab Version	REG_SZ	5.0.14
ab VersionExt	REG_SZ	5.0.14

En nuestro ejemplo, la instalación del software HP Network Simulator fue hecha en un ordenador con Windows 7 para crear un laboratorio virtual.

Utilizando el Simulador de Red

Para utilizar el simulador de red, abra el menú Inicio, haga un clic derecho en el icono de **H3C Cloud Lab** y selecciona la opción **Ejecutar como administrador** para iniciar el software.

En la pantalla principal, seleccione el dispositivo que desee agregar y haga clic en la pantalla para añadir este dispositivo en el laboratorio virtual.

En nuestro ejemplo, el administrador de la red añadirá dos switches virtuales para demostrar cómo utilizar el software, por lo tanto, haga clic en el **icono del switch** y haga clic en la pantalla **dos veces**.

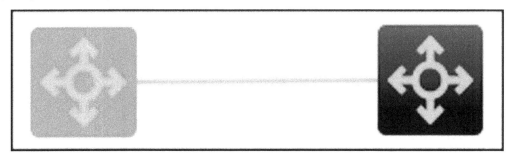

Para hacer una prueba de comunicación, dos dispositivos deben estar conectados mediante un enlace virtual, por lo tanto, haga un clic derecho en un switch y selecciona la opción **Add links**.

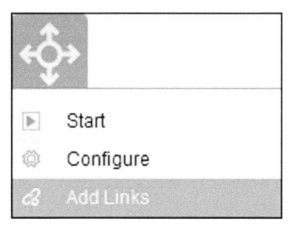

Haga clic en el primer switch virtual y seleccione la interfaz de red deseada.

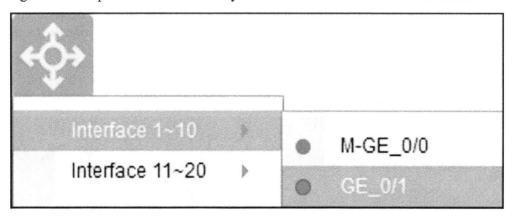

Después de seleccionar la interfaz de red deseada en el primer switch, haga clic en el segundo conmutador virtual y seleccione la interfaz de red deseada.

Después de terminar la conexión entre a los dispositivos virtuales, haga clic en el botón **Start all devices** para encender todos los dispositivos virtuales que son miembros de este laboratorio.

Para acceder a la línea de comandos, haga un clic derecho en un switch y selecciona la opción **Start CLI**.

Un nuevo switch virtual no tiene un archivo de configuración, por lo tanto, pulse la secuencia de teclas **[CTRL + D]** para acceder a la línea de comandos de un nuevo conmutador virtual.

```
 Automatic configuration is running, press CTRL_D to break
# CTRL + D
Press ENTER to get started
```

Después de acceder a la consola del primer conmutador virtual, utilice los siguientes comandos para configurar una dirección IP y guardar la configuración.

```
# system-view
# interface Vlan-interface 1
# ip address 192.168.0.1 255.255.255.0
# save
```

Acceda a la línea de comandos del segundo switch virtual, utilice los siguientes comandos para configurar una dirección IP y guardar la configuración.

```
# system-view
# interface Vlan-interface 1
# ip address 192.168.0.2 255.255.255.0
# save
```

Para probar la conectividad entre los dispositivos virtuales, realice un ping desde el primer switch virtual a la dirección IP del segundo switch virtual.

```
# ping 192.168.0.2
```

En nuestro ejemplo, una configuración básica del software de simulación de redes de HP fue realizada para demostrar la conectividad entre dos dispositivos virtuales.

Conclusión

Este capítulo enseñó a través de ejemplos prácticos cómo crear un laboratorio virtual para ayudar al administrador a hacer pruebas de configuración.

Durante todo este capítulo, fuimos capaces de seguir a Luke mientras configuraba un conmutador para cumplirse los siguientes requisitos del proyecto enumerados en el documento denominado ***Requisitos de la nueva red***.

• Un laboratorio virtual debe ser instalado para realizar pruebas de configuración

Al final de este capítulo, el lector debe ser capaz de crear un laboratorio virtual para evitar el uso de configuraciones no probadas en la red.

El siguiente vídeo fue publicado en nuestro canal de Youtube para mostrarle cómo utilizar las técnicas presentadas en este capítulo y mejorar su curva de aprendizaje:

• HP Network Simulator – Instalación en Windows

Palabras Finales

Gracias por leer este libro.

Me gustaría dar las gracias a usted, por estar conmigo desde el primer capítulo.

Un agradecimiento especial está reservado a los que me ayudaron a promover el libro a través de la revisión de este material en Amazon. Muchas gracias.

Escribir esta historia me ayudó a ser un mejor administrador de red, y espero que le ayude también.

Si usted tiene alguna pregunta sobre las prácticas presentadas en este libro, habla conmigo en:

- Youtube – www.youtube.com/c/fuckingit
- Website – www.fucking-it.com
- Facebook – www.facebook.com/fkingit/
- Twitter – twitter.com/_FuckingIT_

Por favor, comparta su opinión sobre el libro con alguien que crees que va a beneficiarse de la lectura y utiliza un momento para revisar este libro en Amazon.

www.ingramcontent.com/pod-product-compliance
Lightning Source LLC
Chambersburg PA
CBHW080420060326
40689CB00019B/4310